Bem Longe de Casa

Luciana Tomasi

Bem Longe de Casa

BesouroBox

1ª edição / Porto Alegre-RS / 2018

*Dedico este livro a todos os profissionais
da educação, principalmente aos heroicos
professores. E também a todos os trabalhadores
da saúde, que dão sua energia para curar pessoas
que nem ao menos conhecem.*

*Agradeço a todos os meus verdadeiros
amigos, que me elogiam em minhas
pequenas façanhas e me apoiam em
minhas grandes bobagens.*

Sumário

Apresentação

Meu primeiro livro, *Um Spa na Índia*, foi escrito no calor das noites indianas durante uma viagem pelo Rajastão. Sempre que voltava pro hotel, eu fazia um relatório despretensioso do que tinha acontecido de mais significativo no dia que passou, como se fossem apontamentos para as histórias que eu contaria quando voltasse pra casa. Já no Brasil, lendo todos os textos juntos, cheguei à conclusão de que tinha escrito um texto que poderia ultrapassar meu círculo de amigos e familiares.

O segundo livro, *Três Cidades Perto do Céu*, traz reflexões existenciais, tem poemas antigos, fala de medicina indiana e conta aventuras que acontecerem em três cidades históricas : Srinagar, na Caxemira; Rishikesh, na Índia; e Katmandu, no Nepal. Esse livro já foi escrito pensando em sua publicação.

Agora, em *Bem Longe de Casa*, faço narrativas de viagens realizadas durante alguns anos em diferentes partes do mundo e que remexeram em lembranças e traumas muito antigos. É como se a distância geográfica fosse capaz de remover a distância histórica entre o "eu" do presente e o "eu" do passado. Espero que o livro seja capaz de divertir e fazer pensar.

Filme antigo

Cena Um: Destino
1960 – Apartamento de classe média, começo da noite
A linda menina de um ano e meio dorme calmamente em seu bercinho, observada pela sua linda mãe de 20 anos, que espera, ansiosa, por seu marido, pai da criança, para ir ao cinema no centro da cidade. A avó, fazendo crochê na sala, vai ficar com o bebê. O marido está muito atrasado. A mãe gosta de ficar observando a barriguinha redonda da criança subindo e descendo enquanto respira. De repente, a menina acorda muito assustada e começa a chorar intensamente.

– O que foi, meu bem? Teve um sonho ruim? – A mãe agarra e beija a criança na testa e a avó corre para o quarto.

– Ela nunca chora desse jeito. Deve ter sido um pesadelo – diz a avó.

Ela tenta acalmar o bebê com uma canção:

– Dorme, dorme, meu amor, meu filhinho encantador. A faca que corta dá talho sem dor.

O bebê volta a dormir. A mãe está visivelmente nervosa. Ela anseia por notícias do marido. Já perderam a sessão do filme. Ela troca a roupa de passeio por uma camisola e se enrola em um roupão. Remove a maquiagem. Vai pra cozinha e toma um café com cinco colheres de açúcar. Duas horas mais tarde, ouve pessoas batendo palmas na frente do edifício. Observa pelas frestas da veneziana verde e enxerga um policial acompanhado de sua tia, irmã de sua mãe, e seu tio. Nesse momento, já entende toda a situação e começa a chorar baixinho.

– Não pode ser. Não pode ser comigo. Não pode ser com ele.

Pede para sua mãe atendê-los. A avó desce dois andares e conversa com o policial. Os tios sobem para ficar com o bebê. Eles dizem:

– Teu marido sofreu um acidente, há duas horas, e está no hospital. Não te preocupa, tudo vai dar certo.

O policial diz para a avó:

– Seu genro faleceu em um grave acidente. Ele foi levar um colega em casa de carro. Na curva antes da casa do colega, não tinha luz e havia um caminhão estacionado no escuro. Ele entrou direto embaixo do caminhão. O caixão não poderá ser aberto. O tio já reconheceu o corpo.

A avó, quase desmaiando, pergunta:

– Ele tem só 21 anos! E o colega?

– Nem se arranhou.

Cena Dois: Encantamento
1963 – Ônibus para Caxias do Sul

Lu e sua mãe vão visitar os avós, que moram na serra. Dentro do ônibus, a criança já tinha conversado com o motorista e cantado e dançado para todos os passageiros ainda acordados. Todos se encantaram com ela. Já havia contado para umas senhoras idosas que seu pai tinha morrido e que estavam indo visitar os avós. O encantamento acabou quando, em meio a dezenas de curvas, Lu enjoou e vomitou dentro do decote do casaco de pele da sua mãe. Ela ficou enojada e quase vomitou também enquanto tentava se limpar dentro do ônibus, sem água.

Na chegada à cidade, não há ninguém da família esperando pelas duas. Um homem de meia-idade se aproxima e fala cumprimenta a mãe:

– Bom dia!

– Bom dia, apesar de eu estar toda lambuzada.

– Eu tenho água quente do chimarrão. Quer um pouco pra te lavar?

– Obrigada, mas vou até o banheiro da rodoviária.

– A sua filhinha é muito engraçadinha. Parece a Shirley Temple.

– Muito obrigada, mas nunca ouvi dizer que a atriz tivesse vomitado dentro do casaco da própria mãe.

– Essas coisas acontecem o tempo todo. Tenho três filhos homens e eles fazem de tudo quanto é porcaria nas nossas viagens para a praia. Se a senhora não se incomoda, eu vi sua filha dizer no ônibus que o pai dela morreu.

– Sim, morreu, mas eu não estou interessada em casar de novo no momento.

– É que eu queria muito ter tido uma filhinha. Minha mulher me deu só machos e agora não pode mais engravidar. A senhora não gostaria que criássemos sua filha? Sei o quanto deve ser dura a vida de uma viúva jovem como a senhora. Acho que minha mulher adoraria criar essa criança. A senhora poderia continuar a visitá-la. Podemos fazer um negócio.

– Um negócio? O que o senhor está propondo é comprar minha filha! Suma da minha frente antes que eu chame a polícia!

– Não leve a mal...

– Desapareça da minha frente, seu tarado!

Cena Três: Educação
1966 – Sala de aula em um colégio de freiras
Professora:

– Crianças, no domingo é Dia dos Pais. Todos os alunos vão pintar um cartão para os pais com têmpera e escrever uma dedicatória. A Lu, que não tem pai, escreve para o avô.

Os alunos tiram os olhos da freira e olham para a vermelha Lu.

No parquinho, durante o recreio, Lu observa duas coleguinhas andando por muito tempo na gangorra.

– Tu já tá há bastante tempo na gangorra. Agora é minha vez – diz Lu.

– Não, hoje eu vou ficar mais tempo.

– Deixa eu ir uma vez pelo menos! Deixa!

A menina ri para a amiguinha na outra ponta. Lu insiste:

– Mas já vai bater, deixa eu ir um pouquinho! Os balanços estão cheios!

– Não vou deixar porque tu nem pai tem!

Foi o suficiente para a menina ser arrancada por Lu da gangorra pela sua linda trança loira. Uma freira foi chamada e Lu levou uma advertência por escrito. O colégio fechou e a menina ficou esperando sentada no meio-fio. Seu vizinho, que lhe dava carona, não avisou que não ia buscá-la no colégio. Lu, na calçada, chorava pelo pai, pela advertência e pelo esquecimento. E também porque a freira tinha dito que ela não poderia frequentar mais as aulas de teatro porque tinha que estudar mais aritmética. Depois de uma hora, sua mãe apareceu, nervosa, para buscá-la, a pé. Foi um dos dias mais tristes da triste infância de Lu.

Cena Quatro: Família
1967 – Banca 40 do Mercado Público

O avô de Lu, que fazia as vezes de seu pai, sempre a levava, aos sábados, para passear no Parque Farroupilha e no Mercado Público, onde Lu comia sorvete ou doces, sempre muito feliz. No mercado, ele fazia as compras da lista que a avó elaborava enquanto ela ficava sozinha comendo seus doces na Banca 40. A menina adorava o mármore branco das pequenas mesinhas redondas.

Naquele inesquecível sábado, o avô conversou com vários conhecidos, fez todas as compras e pegou o bonde de volta para casa, deixando Lu na sorveteria, onde ela comia uma bomba de nata com sorvete. Os garçons perceberam que algo de errado tinha acontecido e ficaram dando sorvete para a menina durante duas horas. As lágrimas, quentes, pingavam no sorvete. Algumas gotas no de chocolate, um pouco no de creme e um pouco no de morango. Finalmente, sua mãe apareceu para buscá-la, muito aflita. Lu nunca mais quis sair sozinha com o avô, apesar de sentir muita falta do parque e do sorvete.

Cena Cinco: Romance
1969 – Ginásio; apresentação de Holiday on Ice
Senta ao lado de Lu, na arquibancada, um menino lindo de uns doze anos. Os dois estão com os corpos colados porque a arquibancada está lotada. As famílias, mesmo ao lado dos dois, não percebem a proximidade física, enquanto eles adoram estar grudados. Em determinado momento, quando os patinadores dançam ao som de *California Dream*, os dedos de Lu e do menino vão se tocando, escondidos sob os braços cruzados. Sorrateiramente, eles se dão as mãos. O olhar dos dois é de êxtase total. O corpo de Lu está todo quente.

A vida de qualquer um dá um filme. É só escolher os momentos certos para encenar.

1. Buscando o silêncio

Trocar de empresa aos 53 anos de idade, como eu e meu marido fizemos, alguns consideram uma loucura. Digo que é, no mínimo, muito saudável, como renovação e como uma oportunidade para pensar no que realmente se está disposto a fazer. De repente, na nova empresa, começaram a aparecer muitos projetos ao mesmo tempo, e acabei abraçando muita coisa sozinha. Projetos que precisariam de cinco pessoas eram executados por apenas duas, sempre por questões orçamentárias. Fiz a finalização e o lançamento de um longa-metragem, o lançamento de um curta-metragem que percorreu muitos festivais e a produção de um projeto de educação para cinema que envolveu a confecção de um livro, um DVD e um *site* – mais meu trabalho cotidiano na administração de um cinema de arte. Tudo já era excessivo, mas eu ainda resolvi trabalhar em uma grande campanha política de esquerda com muitas contradições e mal administrada financeiramente. Essa maçaroca simultânea, ou, no mínimo, consecutiva, fez com que eu ficasse exausta. Então pensei que, para me acalmar, precisava tirar duas semanas de férias.

Caminhando pelo corredor da minha escola de ioga, me deparo com um jornal local em que havia uma matéria do *The Guardian* com o nome "turismo silencioso", sobre uma meditação de dez dias realizada por budistas. A jornalista inglesa tinha feito a meditação e recomendava um lugar perto de onde Ghandi viveu, na região de Gujarat. Como eu estava pensando aonde deveria ir para relaxar completamente, ao olhar o jornal, pensei: é o sinal! (Estou sempre procurando sinais do destino.) É para lá que eu vou! Fui para a internet e descobri que faltavam 15 dias para começar um novo curso de silêncio. Solicitei uma vaga, mandei um currículo resumido e, por incrível que pareça, fui aceita. Eles disseram que eu não poderia tomar nem álcool nem remédios nos 15 dias anteriores ao retiro, isto é, naquele mesmo dia. Consegui uma passagem não tão cara que fez o seguinte trajeto: Porto Alegre-Rio de Janeiro-Dubai-Mumbai-Bhuj, e depois duas horas de carro até o centro budista. Foram quase três dias para chegar. Estava cansada, mas animada. É uma região a uns 80 km de Karachi, no Paquistão, quase na beira do mar da Arábia. Meu plano: tomar banho de mar pela manhã, meditar à tarde e descansar. Minha meditação estava muito travada. Não evoluía há tempos. Então pensei que era exatamente o que estava precisando. A perspectiva de ficar dez dias sem falar com o povo também me deixava bem satisfeita.

Cheguei ao recôndito lugar de táxi, um dia antes do começo do curso, num domingo. O organizador da minha vinda, morador de Délhi, que me instruiu sobre roupas e necessidades pela internet, dissera que fazia frio naquela época do ano. Por isso, levei blusões, *pashminas*, meias. Mas, quando cheguei, estava, no mínimo, 35 graus Celsius, sem vento. Esse tipo de informação errada acontece com muita frequência na Índia e me irrita muito. Como os 64 alunos inscritos só chegariam na segunda, pensei: com todo esse calor, é o momento para tomar um banho de mar. Eu gosto tanto de água que poderia me jogar até em poças numa rua esburacada.

Depois de preencher uma ficha interminável para me registrar, encontrei um menino magrinho, que parecia ter 15 anos, mas, na realidade, tinha 22, e que me emprestou o celular para mandar uma mensagem para o Brasil. Não era recomendando trazer o celular, e eu, singelamente, caí nessa fria de não trazer o meu do Brasil para "relaxar completamente". Consegui mandar uma mensagem dizendo que tinha chegado bem. No dia seguinte, os homens iam ser separados das mulheres, mas, naquele dia, ainda era possível a convivência. Perguntei pro rapaz:

— Tu sabe chegar no mar?

— Sim. Tem um caminho que sai dessa estrada aqui na frente.

— Vamos lá?

— Pode ser.

— Vou avisar à organização que vamos sair, pois meu retiro só começa amanhã.

Fui até a jovem da administração, que estava com um sári lindo.

— Vamos dar uma chegada rápida no mar para tomar um banho, pois está muito calor.

— Não pode. A senhora já está sob nossa responsabilidade e é perigoso.

— Eu sei nadar, não tem problema. Eu me responsabilizo. O menino vai me levar para mostrar o caminho.

— É cheio de aranhas, cobras e escorpiões. A senhora já assinou os papéis. Não pode mais.

— Nós vamos cuidando o chão.

— Não é possível. Também não é possível ir somente uma mulher com um homem. Tem que ser duas mulheres e um homem, ou dois homens e uma mulher.

Como já conheço a complicada lógica indiana na relação homem-mulher, não me espantei, mas fiquei muito indignada por não poder me refrescar. Resolvi encher mais um pouco o saco dela, apesar de saber que os sacos dos indianos não têm fundo.

— Este menino pode ser meu filho, quase meu neto. Tenho mais de 50 anos. Não sou pedófila.

— Mesmo assim, não dá. E a senhora tem que usar o lenço por cima do vestido, segundo nosso costume local.

Isso significava tapar os peitos. Eu só tinha trazido *pashminas* puras para o inverno e fui obrigada a usar esses lenços soltos sobre os ombros em uma temperatura de 35 graus por causa do "costume local".

O jantar foi ótimo. Me acalmou. Fui levada para o meu quarto, uma peça de mais ou menos 4x2 metros, com banheiro privativo com banho de baldes e água morna. A cama era um estrado de tijolos com espaço para botar a mala embaixo e um míni *futton* como colchão, fininho e irregular. Não dava para dormir de lado, pois os braços doíam. Se eu dormisse de barriga para cima, acordava cheia de dores nas costas pela irregularidade das costuras. Havia um ventilador baixo de teto, que eu odeio, pois desencadeia minha rinite e eu detesto o vento. Duas telas contra mosquitos ocupavam as duas pequenas janelas. Lençóis, fronha e colcha. Não cumpri a regra número um do Mochileiro das Galáxias: "sempre leve toalha". Como o meu esperto instrutor de Délhi, que disse que ia estar frio, não avisou da toalha, tive que pedir uma para a administração, que me forneceu a contragosto.

Eu não poderia fazer ginástica, ioga, longas caminhadas, rezar ou entoar mantras; só poderia meditar utilizando a técnica deste grupo e deste mestre. Fui dormir ouvindo um pouco da conversa das mulheres habitantes do lugar, que eram minhas vizinhas de quarto. Também havia uma reza estranha nos alto-falantes, que parou lá pelas nove da noite. Apesar de um pouco ansiosa, dormi bem e acordei muito cedo pela manhã. O desjejum foi composto por um leite maravilhoso, frutas, *chapati* e molhos apimentados demais. O leite pasteurizado que tomamos no Ocidente é um outro tipo de líquido que lembra o leite.

Os participantes começaram a chegar. Todos indianos, sendo que muitos só falavam *gujarati*. Vários brâmanes (a mais alta classe indiana, vestidos de branco). Pensei: onde estão os ocidentais? Eu só ouvia hindi, nada de inglês ou francês. Foram separando homens e mulheres. Vi uma mulher bem branca chegando, de grandes olhos azuis. Que felicidade! Eles teriam que falar inglês também, pois não havia apenas eu de ocidental. Fui logo falar com ela. Era francesa e já estava fazendo o retiro pela terceira vez. Era estudante de *ayurveda*. Começamos a conversar muito em francês e às vezes em inglês, quando falávamos com outra pessoa ao mesmo tempo. Conhecíamos a mesma professora parisiense de ioga. Tínhamos vários assuntos ocidentais em comum.

À noite, não poderíamos conversar devido à lei do silêncio, então aproveitei para fazer várias perguntas sobre a técnica de meditação, que parecia ser muito interessante. Aí a gerente chegou e disse:

– Todos os seus pertences têm que ser deixados no cofre do Centro, incluindo passaporte, dinheiro, cartões de crédito, celulares, computador, livros, rosários, *japamalas*, amuletos, cadernos e canetas. Em suma: tudo, menos roupa, material de higiene e medicamentos fundamentais.

Nessa hora, é preciso treinar muito o desapego. Cada um ganhou um número referente ao saquinho de pertences deixado no cofre do Centro. Havia quase 100 saquinhos em cima de uma mesa. Sofri um pouco com a entrega do meu material, mas sabia que a ideia era exatamente esta: desapegar. Essa é uma das maiores máximas hindus, a necessidade constante do desapego: *aparigraha*. Eu detestei ficar sem passaporte no exterior, principalmente pela proximidade com o Paquistão. Os talibãs tinham acabado de atirar na menina feminista Malala, e o rolo estava feito. Sempre acho, nesse tipo de região, que os fundamentalistas radicais podem ir para cima de qualquer religião, e eu estava dentro de um centro budista, cercado por muros, com um portão de madeira que é possível derrubar com um machado de tamanho médio. Para não dizer que larguei tudo, pedi desculpas a Buda e deixei um cartão de crédito internacional dentro da minha bolsa, pois poderia precisar dele. O que é pior? Ficar sem cartão ou sem passaporte?

Tudo começou a ser armado para a noite de início do retiro de silêncio. Todos já andavam, silenciosos, pelos caminhos do Centro, ladeados por muitas árvores, plantas e grama seca. Os homens ainda podiam circular pelos caminhos das mulheres e vice-versa. Vi um pôr do sol fantástico da ponta plana do terreno. Alguns brâmanes também apreciaram o encantamento desse momento do dia, que, na Índia, é ainda mais mágico. Ganhei meu número da administração: 23. Esse era o algarismo da minha almofada na sala de meditação e o meu número na parede da sala de refeição. Tinha que fazer as refeições virada para a parede e não podia olhar ninguém nos olhos nem fazer mímicas para entendimento. Curti essa parte. *No usual communication.*

Então, todos foram chamados para a grande sala maravilhosa, com madeira no chão, que era chamada de *hall* principal. Era uma espécie de pagode budista, com muitos lados, e no cume havia umas luminárias retorcidas realmente bonitas, que davam um ar divino ao lugar. Gujarat é uma região considerada muito especial energeticamente na Índia, com lindos e enormes templos jainistas, onde não se mata nem insetos. Tive que assinar dois papéis oficiais assegurando que eu ficaria dez dias sem sair do retiro, que eu concordava em deixar minhas coisas no cofre e que eu não maltrataria nenhum ser animal ou vegetal do lugar. Pensei: se vier uma cobra eu corro, mas um escorpião ao lado do meu pé vai ser difícil não matar. Mas os únicos bichos que pareciam habitar o Centro naquele momento eram os pavões e os gatos. E, mesmo com eles, o contato era proibido. A minha nova conhecida francesa estava se comunicando com os gatos, que sempre queriam comida. Eu tentei um pequeno contato com os pavões, que não me deram a mínima bola.

Com todos os alunos animados e de banho tomado, fomos para a grande sala, com o sino batendo. Foram apresentados os dois professores: uma professora, que ficava no lado feminino, à direita, com duas assistentes, sendo que a mais jovem falava inglês; do lado esquerdo, o professor, com dois assistentes, sendo que um deles não iria usar o seu inglês, pois os alunos homens eram todos indianos. Foram dadas as explicações iniciais, sempre em hindi, seguido do inglês. Um inglês tipo assim: *enivére, éverivére, and so on*. Consegui entender tudo, pois meu ouvido já está acostumado ao inglês indiano.

Começamos a tentativa de meditação (estágio *pratiahara*, segundo o ioga) naquela mesma noite, uma hora parados no mesmo lugar, sentados no chão. Foi difícil, mas possível. Só que, quando foi dado o cronograma dos próximos dez dias, foi bem assustador, pois eu iria passar por volta de doze horas sentada todos os dias. Era mais ou menos assim: começava às 4h30 da manhã, com duas horas de meditação; desjejum às 6h30; das 7h às 9h, meditação; pausa para banho; arrumação do quarto, com cada um limpando o seu. Se tivesse que fazer uma pergunta para a professora, nesse intervalo seria o momento. Seguia das 9h30 até as 11h em meditação e perguntas. Às 11h, almoço no refeitório, voltada para a parede no número 23, sem olhar para os lados e sem conversar. Se tivesse problemas, às 13 horas o médico *ayurvédico* de 84 anos atenderia, em grupo ou individualmente. Às 13h30 recomeçava, com funções diversas até as 21h30, sempre em meditação no local 23. No final do dia, ficávamos sentados em uma sala adjunta para ouvir a palestra em vídeo do mestre indiano criador dessa técnica, que já morreu. Essas palestras acontecem todas as noites, nesse Centro e em todos os centros do mundo, e versam sobre o dia que passou e sobre o próximo dia.

Acordei na manhã do dia seguinte sozinha, às 4h da manhã, bem suada, e já tomei meu banho naquele momento mesmo. Lavei minha roupa, a estendi e esperei, recostada na cama, pelo sino dos professores. Minhas costas já estavam bem doloridas do colchão duro. Fui muito animada para a grande sala quando o sino tocou. Para quem não acorda de primeira, os auxiliares ficam tocando o sino em frente à porta até a pessoa levantar. Se a pessoa não acorda, eles batem na porta. Deu pra ver que os homens tinham facilidade para acordar pela manhã, mas muita dificuldade para voltar depois do almoço. O professor falou que eles estavam comendo demais no almoço, o que atrapalha a meditação. Eu estava comendo pouco. Estava de dieta e bem ligada em todos os momentos. O problema é que as minhas costas, que já são tortas por natureza, doíam bastante, e os joelhos mais ainda. Lembrei da letra do Nenung, da banda Os The Darma Lóvers: "fazer retiro é tão bom, mas dá uma dor no joelho e um nó na cabeça".

Eu esperava que o meu problema fosse apenas no joelho e nas costas. Tentei, nesse primeiro dia, me concentrar muito. Tentei todas as posições possíveis no chão. Já estava com quatro almofadas ao meu redor. Os alunos mais velhos, na frente, ficavam imóveis o tempo todo, assim como umas indianas gordinhas muito flexíveis. Também havia duas velhinhas com aparência de 90 anos, de cabelo branco e comprido, que caíam para a frente, curvadas, e, na posição em que caíam, ficavam por horas. Depois, tinha o pessoal que sentava em cadeiras de meditação, que é onde eu deveria ter ficado desde o início, em vez de forçar a barra sentada numa almofada, já que tenho hipercifose e pequenos desalinhamentos na coluna. Acho que, quando mencionei esses desalinhamentos e me botaram na opção almofada, falei idiotamente *column* (coluna), em vez de *spine* (coluna vertebral), e ninguém entendeu o problema. Me senti uma burra. Tinha também os que ficavam sentados em abomináveis cadeiras de plástico branco. Para mim, perderia a graça ficar sentada em meditação numa cadeira estilo boteco, tentando me concentrar. Mas eu deveria ter pedido uma reconsideração e ido para as cadeirinhas de meditação.

Sentei e ouvi o que a professora quis me dizer, sozinha com a assistente bilíngue. Ela falou sobre como era a técnica de meditação, principalmente a respiração. Quando fiquei perto dela, nós duas de olhos fechados, a sensação que tive foi tão forte que entendi na hora porque essa senhora simples, obesa e lenta tinha sido escolhida como voluntária orientadora. A energia que ela emanava em seu entorno era avassaladora. Eu fiquei completamente arrepiada e querendo chorar. Senti na pele o significado de *darshan*. Descansei no quarto, me sentindo um pouco iluminada e muito satisfeita por ter tido a coragem de me hospedar ali, há muitos quilômetros de minha confortável casa. Uma saída total da zona de conforto, embora trabalhar em uma campanha política também seja o oposto de uma zona de conforto.

Quando voltei, à tarde, a assistente indagou:

– Por que não foi ao médico? Não estava com nenhuma dúvida sobre sua saúde? Nenhum problema? Nenhuma preocupação?

– Não, estou me sentindo ótima.

–Mas amanhã é legal você ir conhecer o médico e falar de sua condição atual de saúde.

– Ok, Charlie!

Achei muito difícil passar o dia em semilótus e posições afins, mas resisti bravamente. A dureza foi quando colocaram o vídeo do mestre, em inglês, para mim e para a francesa, à noite, junto com a assistente bilíngue. O vídeo tinha mais de uma hora de duração, com o mestre falando sobre a técnica em seu indiano monocórdio peculiar. Eu cochilei várias vezes durante a exibição. Também não podia apontar os pés para a televisão, em direção ao mestre. Foi muito difícil permanecer nesse local em silêncio, com todo o corpo dormente e formigando depois de uma jornada estafante.

Na hora de dormir, percebi a grande burrada que tinha feito durante o dia. Ao varrer o quarto, resolvi abrir bem suas duas pequenas janelas de tela, para ventilar o ambiente, e não reparei a tempo que os mosquitos começaram a entrar mesmo de dia, principalmente pela janelinha dos fundos. Quando fechei a tela, já tinham entrado uns dez mosquitos bem gordos, dessa nova geração horrorosa que existe na parte quente do mundo. Como tinha concordado que não mataria nenhum inseto dentro dos muros do Centro, fiquei constrangida de fazê-lo e acabei tendo que ligar o ventilador de teto para não ser devorada. Como eu abomino mosquitos e ventilador de teto! Dormi mal e acordei às 4h da manhã com a rinite a todo vapor.

Fui com bastante vontade para todas as práticas, que continuavam as mesmas do dia anterior. Com dor no corpo todo, fui experimentando todas as posturas possíveis, algumas inéditas. Já havia pessoas com cara de choro, principalmente uma das duas lindas grávidas presentes. Uma adolescente gordinha ao meu lado não conseguia fechar os olhos nem a pau e ficava olhando tudo que os outros estavam fazendo. Cada vez que eu me mexia (umas dez vezes por minuto), ela me encarava com seu rostinho inexpressivo. Tudo estava correndo dentro da normalidade, na medida do possível.

A francesa tinha me alertado que a posição de meditação, com sua imobilidade, pode dar constipação. Como meu intestino já é preso por natureza, pensei: tenho que tomar uma providência antes do meu intestino trancar. Ela alertara para comer mamão e reduzir o leite. Comi todo mamão que enxerguei na cozinha nas refeições e tentei diminuir o leite, mas não o eliminei completamente porque era fantástico. Continuava tomando água filtrada da torneira do bebedouro feminino, onde enchia minha garrafinha. Tinha solicitado água mineral para a administração, mas vi que não ia rolar. Não sei a quantos quilômetros estávamos de algum armazém.

Chegou a hora, depois do almoço, de falar com o simpático médico bem velhinho. Até então, todas as pessoas do Centro haviam sido simpáticas e pareciam bem-intencionadas, sem falsidade.

– Brasil? Nós vendemos muitas vacas para vocês.

– Coitadas! Lá no Brasil, a população come vacas e até bezerros.

– Mesmo?

– Sim. Eu moro em região de pecuária, e lá se come todas as partes do gado, inclusive intestino e rins, que chamamos de miúdos. – "Miúdos": se a conversa fosse em Portugal, seria mais confusa. Traduzi para: *small things, vicera, bowels, guts*.

Ele entendeu.

– O coração, também comem?

– Sim.

– Que ruim! *Bad karma*. E como você, tendo nascido lá, é vegetariana?

– Sempre odiei churrasco. Quando meu avô assava carne, aos finais de semana, eu comia pão, batata e refrigerante. Depois, aos 11 anos, meu padrasto me levou para uma atração turística na terra dele, um frigorífico e matadouro, onde carnearam um porco. Foi o que bastou.

– O que está achando da técnica da meditação silenciosa?

– Ótima.

– Está resistindo bem?

– Sim. São muitas horas de meditação e meu corpo reclama, mas estou aguentando.

– O corpo vai se acalmar, não se preocupe. Você não vai sentir mais o corpo. Deixe sua mente livre que tudo acontece.

– Assim espero.

– Você está se concentrando na região do nariz? É o que interessa.

– Estou.

– Sentiu coceira no nariz?

– Não.

– Vai começar logo.

– *I hope so.*

E me dispensou.

Voltei para meu exíguo quarto, que a essa altura parecia muito simpático, porque era o único lugar em que eu estava realmente sozinha. Eu arrumava e botava um pouco de perfume nele, para disfarçar os fedorentos desinfetantes que eles sempre colocavam. Quando fechava a porta, era como se fosse a perfumaria de um grande magazine francês. Então, fui para o grande *hall*, onde os mais antigos já estavam pra lá de Bagdá nas suas meditações. Me sentia uma espécie de recruta. À tarde, havia um pouquinho mais de liberdade. Eu tinha que estar na grande sala para falar em pequenos grupos com a professora e depois fazer a meditação coletiva. Mas quem estivesse muito cansado podia ir para o quarto. Acontece que, como eu dependia da tradutora, era sempre a última a ser atendida e ficava lá o tempo todo. Tudo ia bem, principalmente no jantar, sempre muito gostoso. Ouvir os mantras deles era reconfortante. Estava bastante dolorida, cansada, mas numa boa.

Aí chegou a hora do interminável vídeo noturno, em que o mestre novamente falava em inglês por mais de uma hora, explicando o dia anterior e o posterior. Sentei no chão em posição de lótus, a francesa ao meu lado, sem nos olharmos diretamente, acompanhadas da auxiliar da professora, que falava inglês, o auxiliar do professor e um aluno hindu. Acho que os dois homens estavam a fim da assistente da professora, que era linda, apesar das profundas olheiras negras, e usava umas roupas indianas pós-modernas. Nesse momento, na pequena sala, ninguém se olhava ou falava. Os três indianos tinham entrado em meditação imediatamente. Tudo caminhava normalmente, pelos tortuosos recantos do destino, até que, lá pelo meio do vídeo, meu intestino começou a dar violentos sinais de vida. Ele dizia:

– Vá para o banheiro imediatamente. Imediatamente!

Não havia toalete nas áreas coletivas. Cada um tinha que usar o banheiro do seu próprio quarto. Isso significava caminhar um pouco no escuro jardim, com reais possibilidades de cobras. Eu não tenho medo de cobra, nem de jacaré, mas tenho de rato. A questão era ter que pausar o vídeo, quebrar o silêncio, explicar para a assistente o que estava se passando, atrapalhar a viagem meditativa dos indianos e correr para o quarto. Resolvi segurar no osso as contrações na barriga. Acontece que, como tenho más lembranças de prisões de ventre intermináveis na infância, o movimento intestinal foi me deixando muito nervosa. Com os espasmos, comecei a pensar: é diarreia! Foi do excesso de mamão que comi, da comida picante ou da água supostamente filtrada?

Diarreia na Índia sempre pode evoluir para um problema um pouco mais grave. Eu tinha trazido um antibiótico de dose única para esses casos, mas era a mesma caixinha da minha viagem de 2004, ou seja, estava totalmente vencido. Esperei o vídeo terminar, com muito esforço zen, e corri para o banheiro do meu quarto. Depois do segundo alívio, a barriga continuava com uma dança leve, mas constante. Eu já estava bem ansiosa e sabia que o estrago já estava feito. Eu conheço meus sintomas. Todos foram para seus dormitórios, e eu pensei: tenho que comer uma banana para ajeitar meu danificado aparelho excretor.

A banana é sempre uma salvação em viagens. Na cozinha do Centro, eu tinha visto muitas bananas. Resolvi ir no quarto da assistente, que era pertinho do meu, o que era permitido em caso de problemas de saúde ou de sono. Bati duas vezes, mas ela não estava no quarto. Minha mente ocidental um tanto depravada já pensou: no mínimo, deve estar com algum daqueles lindos rapazes, que era o que eu faria se tivesse a idade dela. Mas eu sabia que possivelmente ela estava meditando com algum grupo dos diretores ou tratando os problemas do dia com a administração. Mas eu precisava desesperadamente de uma banana, porque a diarreia se somava à fome causada pela dieta.

Resolvi ir à portaria ver se achava alguém da administração que me abrisse a cozinha. Por sorte, encontrei o zelador junto com o guarda, que foi o mesmo que me acolheu no primeiro dia. Um velho querido, com um inglês razoável, mas um pouco desconfiado da minha presença feminina ali naquele momento. Ele disse que eu deveria resolver esse problema com a minha encarregada, mas, como eu não a tinha achado, ele abriria a cozinha e me daria a banana. Abriu a cozinha como se fosse um cofre-forte, cheio das chaves. A fome deve ser grande nessa região. Peguei duas bananas. Ele queria que eu levasse um pequeno cacho, mas seriam bananas demais, e alguém poderia necessitar mais do que eu.

Levei duas e as comi em seguida. Acontece que, a essa altura, meu louco sistema nervoso tinha disparado e eu não conseguia mais dormir. Pequenos insetos noturnos ainda zuniam, mas o silêncio era praticamente total. Virei para todos os lados na minha cama dura, levantei várias vezes para ir ao banheiro e, no meio da madrugada, sorrateiramente, veio a seguinte certeza: não quero mais ficar aqui, não adianta. Não é minha hora, não vou aguentar mais ficar aqui. Quero meu passaporte, meu dinheiro, meus amuletos e meus livros de volta. Não estou preparada para tanta meditação. Meu corpo e minha mente não aguentam. E se for a água que está me afetando? Não tem nenhum posto de saúde perto, nenhum hospital. Tem o médico *ayurvédico*, mas ele está tão velhinho!

Uma questão que me incomodava é que tanto a professora como a sua assistente tinham essas olheiras enormes, e eu já tinha chegado à conclusão, talvez errônea, de que elas não dormiam, só meditavam. Para elas, a vida no outro nível de consciência devia ser bem melhor do que a vida cotidiana na Terra. Eu já tive pequenas entradas estimuladas nesse mundo divino, sei que ele é muito especial, quase o sétimo céu, mas acho que ainda tenho medo de ir mais fundo. Pessoa noiada!

Acontece que todos ali no templo gostavam de ir fundo, mas eu não queria ficar com aquelas olheiras negras, que ultrapassavam o início da mandíbula, nem com as costas curvadas como as das velhinhas. Não pareciam saudáveis. Se eu transcendesse e meu marido não, também achava que podia ficar impossível o relacionamento. Há mais de 30 anos vivo com esse homem, e ainda é muito bom nosso casamento. Ele é o maravilhoso pai das minhas três filhas queridas. A instrutora dissera que minhas relações familiares melhorariam ainda mais depois dessa técnica, mas pensei: meu trabalho às vezes é muito duro, mas ainda tenho prazer em fazê-lo. Será que vou conseguir me concentrar nas minhas tarefas, ou não vou ter mais paciência com o escritório depois de toda essa meditação silenciosa? A assistente dissera que pessoas legais iriam querer trabalhar comigo e me colocar em projetos quando eu voltasse, mas eu já tinha muitos pedidos de trabalho e projetos! Ela poderia ter dito: "Você transcende, depois volta para o Brasil e pode ficar sem fazer nada, pois o mundo vai lhe fornecer tudo que você precisa para a sobrevivência". Aí, talvez tivesse me convencido a persistir.

Comecei a arquitetar todo o procedimento para que eu conseguisse ir embora ainda pela manhã. Não ia ser fácil, com todas aquelas pessoas para convencer e dois papéis assinados garantindo que eu ficaria dez dias seguidos e que só sairia por força maior, o que significava morte de familiar direto. Também seria preciso liberar logo todos os meus documentos e dinheiro presos. Eu sabia que todos os dias havia um voo para Bombaim, saindo de uma cidade que ficava a duas horas de carro de onde eu estava. Tinha anotado o celular do motorista, que morava em uma cidade perto, mas teria que pedir para usar o telefone fixo deles, já que meu celular jazia no Brasil. Me culpei amargamente por tê-lo deixado em casa. Mas, felizmente, sou produtora, e, acredito, das boas. Daquelas que topam qualquer parada, mas, pela segunda vez, estava tramando uma fuga de algum lugar da Índia. Que *karma*!

Não podia deixar meu fulminante ego me trair, o velho apego, a eterna loucura da bipolaridade nas sensações. Já eram três da manhã. Às quatro começaria o movimento nos banheiros, para todos estarem sentados no *hall* às 4h30. Botei na mala todas as minhas poucas coisas, tomei banho e voltei a deitar, atenta aos sons ao redor. Minha adrenalina chegava aos píncaros. O sino tocou várias vezes e eu não fui. Eram 4h40. Eles toleraram 10 minutos de atraso. Veio uma assistente indiana e, junto com mímica, disse, em hindu, bem séria:

– Vá pra sala!

Respondi com mímica brasileira, fazendo cara de doente, esfregando a barriga, fechando os olhos em posição de sono. Fiz "não" com a mão. Não adianta balançar a cabeça, porque o "não" deles é o nosso "sim", e o "sim" é "não". Ela compreendeu e foi embora. Ouvi todos os mantras do meu quarto, deitada na cama, aliviada por não estar lá, mas esperando o chumbo grosso chegar.

Às 6h da manhã, antes do café, veio a assistente bilíngue. Ela era muito querida e prestativa.

– Está doente? Tem que falar já com o médico. Por que não me avisou?

– Não te achei ontem à noite.

– Estava em reunião com a professora, pois uma das grávidas tinha um problema.

– Decidi que vou embora.

– Como assim?

– Vocês são ótimos, o Centro é maravilhoso, mas ainda não chegou minha hora para isso tudo. É demais para mim.

– Não se preocupe, é normal que, no segundo dia de prática, como o cansaço é muito grande, as pessoas se sintam um pouco mal, melancólicas. Garanto que, a partir do quarto dia, vai ser tudo melhor, e, depois do sétimo, é o paraíso. Você não vai se arrepender.

– Na condição emocional e física em que me encontro, falar em quarto dia, sétimo dia parece uma eternidade. Não vou aguentar, quero ir embora ainda hoje de manhã.

– Tenho certeza que vamos lhe convencer a ficar. Relaxe, e, depois do desjejum, vamos para a meditação com a professora. Tenho que voltar para o atendimento. Não tome leite por causa da diarreia. Se cuide e relaxe.

Ela saiu rápido. Fiquei sozinha e irritada. Tinha que enfrentar a professora mais velha. Era lógico todo esse procedimento por parte deles, mas eu já estava transtornada. Na realidade, eu já tinha configurado mentalmente toda essa ladainha em detalhes, porque sei que o universo me fez, independentemente de minha vontade, esperta o suficiente para lidar com situações como essa. Eu tinha aprendido a conviver com isso. Tenho muita facilidade para antecipar mentalmente os fatos.

Fui tomar o café, que, na realidade, consistia no leite maravilhoso que eles chamavam de *butter milk*, mas que, naquele dia, eu não podia tomar. Peguei água, que acho que também não devia beber, mas que era essencial para não desidratar. Comi um *chapati*. A vantagem disso tudo é que eu estava emagrecendo muito rápido.

Quando me dirigia para a grande sala, passei pelos pavões (o pavão é o símbolo nacional da Índia), que nunca abriam as penas, e vi duas criadas párias conversando. A essa altura eu já encarava todo mundo, pois já tinha chutado o balde. Elas me olharam com cara feia, e foi a primeira vez que isso aconteceu no Centro. Pareciam já saber que eu estava começando a incomodar. Ou eu é que já estava paranoica, o que não é muito difícil quando fico nervosa de verdade.

Entrei na sala a contragosto, porque não queria mais meditar. Não sentei na minha almofada número 23, que já tinha seis outras pequenas almofadas em volta para apoios diversos. Sentei na cadeira de plástico branca, com uma almofada para sentar, outra para encostar e uma para os pés. Me acomodei de uma maneira displicente e fiquei esperando a professora atender uma por uma das outras mulheres, pois já sabia que seria a última. Já passava das 10h da manhã. Acabei fechando os olhos, pois não aguentei ficar com eles abertos. Depois de certo tempo, vieram algumas imagens mentais, como um cenário de uma exposição de arte em que eu entrava e havia uma espécie de barranco imenso de acrílico branco iluminado, de onde saía, por uma ponta, uma linda árvore de verdade. Tudo muito lindo. Depois, entrei em uma sala com várias almofadas grandes: uma fila de almofadas pretas e, sobre elas, uma fila de almofadas brancas. Estava criando uma exposição de arte na cabeça. Aí veio a terceira cena. Eu entrei num palco com assoalho de madeira e havia um negro nu, de costas numa banheira. Só que, em vez de molhado, ele estava coberto por um pó branco. Não era uma visão nem erótica nem *gay*, era mais uma visão teatral. Quando o negro se levantou, ainda de costas, eu olhei para o seu quadril e abri os olhos.

Achei que estava começando a transcender e entrando numa *bad trip*, mas a assistente tinha garantido que essa técnica só tinha lado bom. Existe algo que só tem lado bom? Duvido. Talvez no paraíso, no éden, no nirvana. Resolvi ficar de olhos abertos, apesar de estar muito cansada, porque achei que era um sonho ruim provocado pela falta de sono desde o dia anterior. Somado ao *jet leg* de oito horas e meia, que sempre te nocauteia na Índia, eu estava perdida no tempo, mas não no espaço. Queria sair já daquele espaço. Resolvi intensificar minha expressão de saco cheio.

Chegou minha vez de ser atendida pela professora. Nessa segunda vez, de olhos fechados em frente à professora, não consegui a mesma sensação de proximidade com o divino. Estava bloqueada para qualquer conexão, pois minha cabeça só repetia o mantra: quero ir embora já, quero ir embora já... Sentei na frente dela, que estava sempre imponente. Ela sorriu de leve para mim.

– O que se passa, minha filha?

Já comecei a falar com a voz embargada e, em segundos, as lágrimas corriam muito.

– Não estou conseguindo. Não é meu momento. Não estou pronta. Quero voltar em outra época, mais tranquila. Talvez junto com meu marido ou uma amiga. Mas agora não está dando.

– Você veio do Brasil, essa terra tão distante, até aqui só para fazer essa prática e agora quer desistir? Gastou muito para isso. É uma benção que você está dando para você mesma e para a sua família estando aqui. Sua vida vai melhorar muito. Você vai se purificar totalmente. As pessoas boas vão lhe procurar no seu país. Aproveite. Esqueça o resto e se concentre na meditação. São apenas dez dias. O que representam dez dias na vida de uma pessoa?

– Eu juro que entendo. Dez dias são nada. Estou com saudade das minhas filhas. Não consigo deixar meus pertences presos em um cofre alheio. Não posso ir no mar tomar banho. Estou me sentindo uma prisioneira aqui dentro e eu não posso me sentir assim. E estou com muito calor e muito mal da barriga.

– Você quer usar o computador do médico para mandar mensagens para a sua família?

– Não. Eu quero ir embora, e é definitivo.

– Você não começou a sentir umas coceirinhas pelo nariz?

– Não, eu apenas vi imagens que podem ser uma entrada.

Descrevi as imagens.

– Isso são apenas imagens do seu inconsciente que começaram a aparecer. Elas têm que vir à tona para você ir enfraquecendo o poder delas de lhe impressionar. Faz parte da técnica.

Apesar de realmente acreditar na técnica e a achar muito interessante, respondi:

– Preciso ir embora urgentemente.

E ela finalmente desistiu:

– Ok. Vá falar com o médico.

Ufa! Comecei a ganhar espaço. No caminho para o consultório, que ficava a poucos metros dali, no limite da ala masculina, a assistente bilíngue me contou toda a história de vida dela. Quando a família a convenceu a entrar para o Centro, ela era viciada em drogas e bebidas, e sua vida agora estava totalmente mudada. Disse que o Centro era muito eficiente no tratamento de viciados. Travei o seguinte diálogo na minha mente:

– Será que eu conseguiria largar o vinho de vez depois desses dez dias?

– Talvez.

– Será que eu quero largar totalmente o vinho, depois de já ter diminuído tanto seu consumo?

– Não sei. Adoraria mesmo era largar o açúcar e nunca ficar de porre por causa do vinho.

Chegamos ao consultório do médico, que estava atendendo o mesmo senhor do dia anterior, que queria conversar sobre suas estranhas sensações durante a prática. O aluno estava bem inquieto. Depois que ele saiu, o velhinho se dirigiu, sorridente, para mim:

– O que foi, minha amiguinha brasileira? Está doente da barriga?

Ele já sabia do meu caso e continuou:

– Seu intestino está fazendo uma limpeza das porcarias que você come. Se fosse infecção pela água, você estaria com febre, deitada na cama. É só uma reação normal do organismo. Deixe sair tudo.

– Estou ansiosa. Acho que vou conseguir fazer essa prática depois dos meus 60 anos. Não agora. Ainda quero continuar com minha vida simples no mundo dos anormais.

Ele achou graça. Pediu para eu ficar em posição de meditação na frente dele e fechou os olhos, mas eu bloqueei a mente fazendo meu mantra de saída o tempo todo. Ele desistiu e falou:

– Este lugar aqui é tão bom que, quando completam os dez dias, todos sempre retornam.

– Doutor, eu quero ir embora, e é hoje. Eu trouxe minha doação para a entidade e vou deixá-la mesmo se não ficar até o fim, porque sei que o problema sou eu, e não vocês. Sou eu que não consigo ficar aqui, apesar de vocês serem ótimos.

Meu conhecimento capitalista das seitas do meu país achou que a oferta de dinheiro ia convencê-lo, mas o médico não quis nem saber da minha doação.

– Aqui, e em todos os outros centros, o estudante novato nunca paga nada, só dá uma doação caso voltar. Aqui, ninguém é pago. Só recebemos comida. Tudo que entra é empregado no Centro. Somos todos voluntários.

– Muito nobre da parte de vocês. Isso é bem raro. Eu também faço trabalho voluntário no Brasil. Mesmo assim, estou indo embora.

– Impossível. Fique os 10 dias. Você vai se acalmar e, no final, vai nos agradecer muito. Tem três brasileiros chegando na semana que vem. Os seus compatriotas gostam daqui. Você também vai gostar.

Cansei. Chegara a hora de avançar na jugular. Quando nem o dinheiro resolve, o jeito é apelar. E eu, como simples humana, ao contrário dos mestres da técnica do Centro, não tenho só meu lado bom.

– Doutor, eu não quero ser rude, mas vou embora hoje. Sou jornalista e escritora. Se vocês não me deixarem sair e não devolverem minhas coisas agora, vou escrever para o Brasil inteiro contando que fiquei prisioneira de vocês.

Ele olhou para mim com a mesma cara querida de sempre e disse, olhando bem nos meus olhos:

– Prefiro conhecer apenas o seu lado bom. Adeus.

Falou em hindi com a assistente bilíngue, levantou e saiu da sala. Me voltei para ela, já incorporada no meu velho e conhecido papel de produtora casca-grossa. Me sentia uma escrota, mas disse, firmemente:

– Vamos até a administração, na portaria da entrada, para ligar para o taxista vir me buscar. Também quero pegar as minhas coisas no cofre agora.

– Temos que saber se tem táxi e, principalmente, se vai ter voo.

– Tem voo, e, se aquele motorista não puder, vamos arranjar outro. Só que tem que ser agora.

– E se você perder o voo?

– Durmo na cidade e sigo no voo de amanhã, mas não vou mais dormir aqui.

Ela me olhou, incrédula e, ao mesmo tempo, assustada. Eu sabia que minha reação era uma injustiça com eles. Eu sabia disso o tempo todo, que estava bancando a louca num lugar divino e, ainda por cima, gratuito. Sabia que era um presente dos deuses. Pra completar, como eles não podem mentir, não conseguem te enrolar.

Mesmo assim, quando chegamos na portaria, ela me fez sentar num banco e tentou, pela última vez, usar todos os argumentos possíveis para me convencer. Minha maior vantagem sobre ela, naquele momento, foi a idade, que significa experiência. Para tudo que ela apresentava, eu tinha muitos argumentos para contestar. Depois de meia hora sentada na portaria, ela finalmente desistiu.

A queridíssima esposa do administrador me ofereceu uma linda pena de pavão que havia caído no chão, e eu grosseiramente não aceitei. Depois desse ato, ficou evidente que eu não aceitaria mais nada deles. Realmente, fui muito imbecil em não aceitar a oferta da senhora. Conseguiram falar com o taxista, que, em quinze minutos, estaria lá. Me devolveram meu saquinho com todas as minhas coisas intactas e organizadas. A minha felicidade com o meu saquinho era visível, e me acalmei muito com todo aquele apego.

Fui ao quarto, terminei de arrumar minha mala, limpei um pouco o banheiro e deixei, sorrateiramente, um bilhete embaixo da porta do quarto da francesa, que seguia na sala de meditação. Escrevi em francês algo assim: "Fiquei doente, tenho que ir embora, espero encontrá-la em outro lugar. Não estou pronta para isso. Você e todos do Centro foram muito amáveis. Espero que me deixem sair. Até breve". Arrastei minha mala pelas pedras do caminho fazendo muito barulho, mas, por sorte, estavam quase todos meditando. Quando olhei para a porta de entrada e vi meu sujo motorista de táxi parado me olhando, minha felicidade foi completa. Me despedi do porteiro que tinha me dado a banana no dia anterior e da assistente bilíngue. Não estava envergonhada de todo meu barraco. A vida é assim. A coerência foi pro saco e as emoções tomaram conta. Vou me arrepender? Acho que não, porque dificilmente me arrependo. Já estava resignada. Já pensava que tinha que ser assim.

Saltei para dentro do táxi rumo à estrada poeirenta.

– Pela estrada afora, eu vou bem sozinha.... *Oh, God! I'm crazy.* Mas quem não é?

Fui pra Bombaim. Como atalhei a viagem e sobrou grana, me hospedei dois dias no estupendo Taj em frente ao Gate of India, o mesmo maravilhoso hotel do último grande atentando na Índia, em que os terroristas fizeram os hóspedes de reféns e botaram fogo em uma ala. A segurança era muito rígida. Todas as malas passavam por um raio-X, assim como bolsas e pertences a cada entrada.

Me senti no mais perfeito paraíso. Minha sede por água, não saciada no mar de Gujarat, foi suprida por banhos em uma piscina funda e linda. Minhas dores da meditação sentada foram aliviadas por mãos profissionais com óleos quentes medicados. E minha saudade de comida *gourmet* foi resolvida por um bistrô francês em frente ao hotel. Peguei sol, tomei banho, me arrumei bastante. No bistrô, tomei um cálice de vinho francês, comi um quiche e um doce fantástico, isso tudo olhando os ocupados indianos de Bombaim caminhando para cima e para baixo. Fui para os mercados e mandei ver nas especiarias e em alguns paninhos. Como eu sou feliz na Índia! Tentei ir para Dubai, pois tinha que ficar horas naquele aeroporto imenso, mas demora muitos dias para conseguir o visto para lá, e era final de semana. A barriga se acalmou.

2. O eterno medo

Minha infância foi bastante traumática, o que explica, mas não justifica, muitas sensações que carrego comigo. Depois do trágico e inesperado acidente que matou meu pai, começou uma etapa de mudanças, de problemas financeiros, pois minha mãe tinha apenas 20 anos e não trabalhava. Fomos para a casa de meus avós, que me criaram junto com minha mãe. Minha avó não quis que nós tivéssemos cama, pois o quarto virava uma pequena salinha durante o dia. Eu queria muito ter uma cama de verdade. Naquela época, o medo era comum. Eu dormia de mãos dadas com minha mãe à noite, com medo do mundo.

Estudei num pequeno jardim de infância numa praça, muito simpático. Um dia, com muita chuva, lembro que colhemos folhas das árvores e fomos passar tinta para imprimi-las em papel. Estava com muito medo do nada, da chuva, dos trovões. Devo ter chorado um pouco por isso. Para completar, a auxiliar da professora, muito gorda, tinha uma saia com motivos de ocas indígenas. Quando ela passava pelas mesinhas, eu ficava olhando os índios em volta da oca e ficava com mais medo. Depois, fui para um colégio de freiras muito bom, onde comecei a fazer teatro, o que me encantava. O problema é que eu me achava feia e desengonçada. Os papéis principais sempre ficavam com algumas meninas mais engraçadinhas. Ensaiei muito para o espetáculo que fizemos para as famílias. Eu apenas ficava dentro de um baú e, ao sair dele, dizia uma única frase:

— Pastéis de vento, pastéis de vento!

E atravessava o palco correndo. Mesmo assim, curtia muito os ensaios. Acontece que uma freira antipática chamou minha mãe para dizer que eu não estava indo bem em Matemática, e minha mãe me tirou do teatro. Chorei muito, e cada vez me sentia mais torta, mais alta e mais feia.

Desde o jardim da infância, eu caminhava umas dez quadras para ir estudar, mais dez para voltar para casa. Isso me cansava. Meu avô não tinha carro e, mesmo depois que comprou um, não conseguia me levar. Eu sabia de cor o piso das calçadas. Depois, também fui impedida de fazer balé, para a perna não "engrossar". Fora as fracas aulas de Educação Física no colégio, só fui ter a primeira prática desportiva por volta dos 12 anos, quando comecei a jogar vôlei. Nessa altura, meus músculos, tendões e articulações não estavam suficientemente desenvolvidos, e eu tenho problemas até hoje na coluna e na flexibilidade.

O começo da minha libertação começou no ginásio, por volta dos 13 anos, quando uma professora comentou com outra:

— Como essa menina é bonita!

Olhei em volta e só havia eu. Era de mim que elas estavam falando. Quando cheguei em casa, me olhei no espelho e me achei bonita pela primeira vez na vida. Pouco depois, meu avô disse:

— Para de usar esses *shorts* de helanca muito apertadinhos, porque os homens estão te olhando na rua!

— Olhando pra mim? Impossível.

Para inflar meu ego, um vizinho solteiro e de barba (sim, ele tinha 25 anos) começou a dar em cima de mim, e eu comecei a namorá-lo com 14 anos. A família ficou absolutamente apavorada, pois ele tinha 11 anos a mais e um carrão, inclusive com televisão, o que era impensável na época. O irmão dele tinha trazido o aparelho dos "esteites". Não dava para ver absolutamente nada direito na TV, cheia de interferências dentro do carro. O som também era ruim. Mas eu queria muito ter um namorado aos 14 anos.

Começamos a dar beijos de língua, coisa que eu já tinha treinado brevemente com dois primos, e não passamos disso. Ele me levava para passear de carro. Como eu era muito adulta para minha idade, achava que ele era infantil por me namorar. Depois descobri que ele, obviamente, tinha uma mulher mais velha, com quem transava. Numa noite, marcou de me encontrar em uma reunião dançante de um clube, atrasou-se e, ainda por cima, deixou a "amante" esperando dentro do carro. Não aguentei o fato e acabei o namoro ali mesmo. O mais louco é que ele tinha se apaixonado por mim e sofreu um pouco. Levou uma flor no dia dos meus 15 anos. Minha avó, nascida no interior, achou um absurdo ele me dar apenas uma rosa, pois, para ela, tinha que ser no mínimo um buquê com 15 rosas. Ela achou que ele economizou no presente, e disse:

– Minha neta, nunca case com um homem sovina. Pode ser pobre, mas nunca mão de vaca contigo.

Os dois homens com quem casei, um brevemente e outro até hoje, são absolutamente generosos, sendo que eu sempre administrei todo o orçamento da casa.

No meio disso, minha mãe, que estava viúva há 11 anos, resolveu que era hora de casar de novo. Escolheu um descendente de polacos, colorado, ex-seminarista, pobre e totalmente sovina. Como pontos positivos: era trabalhador, bonito e tinha uma família imensa, muito simpática. No começo e por um longo tempo, foi um susto muito grande ter um padrasto dentro de casa.

Mudamos os três para o apartamento da frente, no mesmo prédio dos meus avós. Quando achei que teria, pela primeira vez, uma cama para dormir, num quarto só para mim, qual não foi minha surpresa quando minha mãe, imitando minha avó, resolveu transformar meu quarto numa pequena salinha. Para completar, o quarto tinha um balcão absurdamente grande, com a biblioteca de meu pai em cima. Eu ouvia o som das baratas andando pelo balcão à noite. Meu pai gostava muito de ler e comprou coleções para mim. Minha mãe acabou dando os livros para uma vila antes que eu pudesse reivindicá-los. O meu sofá-cama era ruim, de plástico, e eu tinha que botar os lençóis e cobertores todos os dias na hora de dormir e tirá-los ao amanhecer. Nessa época, eu chorava todas as noites de tristeza. Para completar, nos invernos, se passava muito frio dentro do quarto, pois ele não tinha aquecimento, e, para tomar banho, minha mãe fazia fogo com álcool em uma lata. Ela estava radiante com seu casamento. Seu marido a tratava muito bem. No entanto, o dinheiro era pouco, e meu padrasto me transferiu para um colégio público para não pagar as mensalidades. Eu dizia que ele tinha me posto num colégio embaixo da ponte, pois da escola dava para ver a ponte do Guaíba.

Minha situação piorava a cada dia. Para completar, aconteceu a explosão de uma fábrica de fogos de artifício na quadra ao lado da escola. O prédio inteiro tremeu. As alunas (era uma escola só de meninas) saíram correndo pelas ruas, vendo os vidros das janelas dos edifícios estourados, professores saíram por basculantes, crianças pequenas atravessaram a rua em meio aos carros, algumas passando pelas portas de vidro da escola e se cortando muito. Na hora do estrondo, que se ouviu em toda a cidade, e do deslocamento de ar, paralisei e fiquei pensando no que eu faria em meio às colegas correndo e largando os bordados no chão. Tenho muito sangue frio em situações de pânico, desde aquela época. Talvez por isso quis ser jornalista. Saí calmamente para o pátio aberto, observando as estudantes que faziam Educação Física e estavam em choque, sendo atendidas pelos professores. Tinha chovido estilhaços de caliça e de vidro na área externa do colégio. Como o boato correu rápido na região e, ao lado da escola, havia uma grande fábrica de chocolate, que exalava cheiro de bombom o dia inteiro, os moradores das redondezas pensaram que os caldeirões de cacau tinham explodido.

Quando passei o portão da escola, ninguém controlava a saída das crianças, pois deu uma bobeira coletiva. Nossa ótima professora de francês, Madame H., estava agarrada em um pilar, com o olhar perdido no horizonte. Segui em direção à minha casa, que ficava a umas dez quadras dali, como fazia todos os dias. Encontrei um menino que me disse:

– Vamos lá na outra rua ver uns pedações de pernas que estão presos nos fios de luz dos postes?

Fiquei chocada. Baixei a cabeça, não respondi e fugi correndo para casa, feliz por estar com minhas pernas intactas. Nesse meio-tempo, minha mãe, já grávida de meu irmão, veio correndo pela rua, achando que eu pudesse ter morrido, sacudindo a barriga. Quando chegou em casa, eu estava deitada no meu quarto-sala, vendo TV em preto e branco, até infantilmente um pouco satisfeita porque a aula tinha terminado mais cedo. Quando ela me viu, chorou. Esse foi um dos poucos momentos em que achei que minha mãe me amava, pois ela nunca me fazia carinhos, muito pelo contrário.

Sempre tive uma força muito grande. Tanto que, já bem adulta, um homem imenso tentou me carregar pelo pescoço para dentro do parque em que eu corria pela manhã, em frente à minha casa, e eu consegui liberar minha cabeça, presa entre o braço e o peito dele. Quando me libertei, joguei o infeliz no chão com toda a minha força e saí correndo, procurando por socorro. Quando voltei com a polícia a cavalo, ele já tinha desaparecido.

NA PRIMAVERA DE 1971 NASCEU MEU IRMÃO, o que, pra mim, foi uma felicidade, pois sempre quis ter um irmão. Ajudei a criá-lo. Ele era uma criança muito querida, sofria de dor de ouvido e chorava muito de madrugada. Nossa alimentação era muito complicada em casa. Não tinha salada, mas havia pilhas de laticínios, pão, banana e carne. Meu intestino era totalmente destruído, e, no caso do meu irmão, o muco foi para os ouvidos.

Para não dizer que era só tristeza, minha mãe me colocou desde cedo nas aulas de inglês do Cultural e me deixou ir à excursão de final de ginásio, quando eu tinha 15 anos, com umas 20 meninas e uma mãe cuidando. Fomos para o Rio de Janeiro e ficamos por lá quase um mês. Naquele momento, percebi o meu gosto por viagens, que me acompanha até hoje. Quando voltei pra casa, estava muito feliz; tinha encontrado um gaúcho no Rio, que passou a ser meu namorado. Resolvi que ia conhecer o mundo e, dali em diante, não parei mais de viajar. Meu medo tinha ido embora, ou tinha ficado bem escondido no inconsciente.

Como éramos sócios da Sogipa, um clube alemão da cidade, eu tinha direito a tirar livros de sua grande biblioteca e levá-los para casa. Eu lia muito nessa época. Como só existiam dois canais de TV e não havia internet, telefone e *videogame*, a leitura era o grande barato. Tudo que eu sabia de importante vinha pela leitura. E, às vezes, pelo maravilhoso cinema. Até o desenvolvimento da minha vida sexual foi toda pelos livros. Para minhas amigas e família, não existiam as palavras orgasmo, clitóris, camisinha. Tempos difíceis. Fui descobrir a existência do clitóris e do orgasmo solitário aos 21 anos, através de *O relatório Hite*.

No meu último ano de educação fundamental (ginásio), fui eleita líder da classe, melhor colega e, por incrível que pareça, rainha da escola. Fui representar o colégio em um desfile de *misses* para a escolha da rainha do Colégio Militar, que, naquela época, era só de homens. O ambiente era uma demência total. Por sorte, não ganhei o título, pois teria sido péssimo para o meu currículo pessoal. Eu ainda não tinha muita consciência política, que surgiu bem forte logo depois, aos 16 anos. De repente, passei da feinha para a mais linda. Essa popularidade local fez muito bem para meu sofrido ego. Os professores já me consideravam muito inteligente, mas, na adolescência, queremos é ser bonitas e atraentes.

ESSE MEU EGO INFLADO não impediu que surgisse, nessa época, o meu gosto pelo anarquismo. Quando passei a conhecer a situação do país, já comecei a odiar os milicos torturadores da ditadura. Eu já estava no grêmio estudantil do ginásio, que era de centro-esquerda, e começava a me interessar muito por política. Mas nada é simples. Meu espírito revolucionário de esquerda já tinha se manifestado um pouco na infância. Lembro de minha revolta com o que fizeram com Joana D´Arc e, na pré-adolescência, do gosto pelas músicas e atitudes de Serge Gainsbourg. Minha mãe, nessa época, disse o seguinte:

– Como vai ser instalado um polo petroquímico no estado, tu vai estudar química. Achei uma escola bem forte, que tem curso técnico de química, e depois tu já segue pra Engenharia Química na faculdade.

Quase morri do coração. Tive vontade de me rebentar chorando, mas já conseguia me controlar na frente dela. Tinha que mostrar minha força. Estudar química jamais havia passado pela minha cabeça.

– Mas, mãe, eu quero fazer alguma coisa com comunicação, arte ou filosofia.

– Não, isso não dá futuro. Tu pode conseguir um bom emprego como engenheira no polo e depois fazer um concurso público pra garantir tua velhice. Emprego público é a maior mamata. Tu pode ficar tirando licenças, tem férias e, depois, aposentadoria integral. E tu é boa em matemática, tem que aproveitar.

Quando dei por mim, estava matriculada num colégio de uma vila de industriários, que tinha um laboratório de química muito bem montando, onde os alunos entortavam pipetas no fogo pra fazer cachimbo pros baseados. Fiz uma turma incrível nesse colégio. Organizamos excursões para Santa Catarina, onde a maior curtição era fazer acampamentos em praias desertas que, hoje, são cidades poluídas com prédios coloridos horrorosos. Um dia, alugamos um ônibus para uma excursão de um dia, mas combinamos com a empresa por fora e ficamos viajando três dias com o motorista. Quase fui expulsa do colégio, pois, de novo, eu era a líder da classe. Teria sido um choque e um baita problema na época, por causa do vestibular.

Apesar de toda a farra que foi o secundário – eu já colando cartazes nos postes da cidade com os dizeres "Vote contra o Governo", de um deputado corajoso em plena ditadura –, no final de 1976, consegui passar no vestibular para Jornalismo na Federal. O mais engraçado é que minha mãe continuava com a ideia fixa da Engenharia Química. Um dia, ainda no meio do ano, ela estava conversando com uma amiga na sala e contou que eu faria o vestibular para Engenharia. Quando a amiga saiu, tive que comunicar que, na hora da inscrição, havia optado por Comunicação, com ênfase em Jornalismo, e, como segunda opção, Ciências Sociais. Ela quase infartou. Ficou vários dias de cara amarrada pro meu lado, e eu aguentando no osso.

Casei aos 19 anos e saí definitivamente de casa, pois, para mim, o "lar" era o inferno. Entrei em Jornalismo, o que foi a minha libertação total. Colegas maravilhosos, doidos, festas, discussões, política, viagens, cinema e música. Comecei a ser muito feliz. Finalmente tinha encontrado a minha turma.

3. Nas águas do Ganges

Sentada na beira do Ganges, com os pés dentro da água, eu penso muito. Bobagens e aparentemente coisas muito sérias. Inspirador Ganga! Fico fazendo comparações entre os costumes da Índia e do Brasil. É uma diversão muito instigante, porque os dois países têm muitas similaridades, principalmente a enorme riqueza para poucos e a imensa pobreza para muitos, com uma grande classe média que se equilibra entre esses dois polos. Adoro conviver tanto com os párias mais desprezados quanto com os muito ricos nos hotéis e restaurantes. Eu sinto que a maior semelhança entre os dois países é a questão religiosa, com a liberdade total de culto. No Brasil, rezamos para mais de uma religião ao mesmo tempo. Na Índia, há uma mesquita ao lado de um templo hindu, que fica ao lado dos sufis, e os três fazem muito barulho. Fica claro para o fiel que o importante é ter espiritualidade e compaixão. Apesar da religião católica no Brasil não recomendar que seus fiéis adotem outros cultos, na prática, muitos católicos têm duas ou mais religiões. É muito comum os brasileiros serem católicos e do candomblé, católicos e espíritas, católicos e novos evangélicos. No hinduísmo, cada um tem a sua deidade (divindade) principal e várias outras para quem reza. A mesma ideia de "acender vela para mais de um santo" dos brasileiros. Uma diferença importante é que a Igreja Universal ainda não chegou à Índia, envolvendo em seu rebanho os mais pobres e desesperados em cultos bem discutíveis.

Jamais perguntaram a minha religião para entrar em algum templo indiano, mesmo em meio à celebração dos cultos (*pujas*, também chamados de *upasanas*), que costumam ocorrer cedo pela manhã, ao meio-dia e ao anoitecer. Só tive problemas duas vezes para entrar nos templos, e já visitei dezenas deles. A primeira vez foi em Varanasi, em um pequeno templo no centro, que é só para hindus. Como em Varanasi tem centenas de templos, não dei bola. A segunda vez foi no grande templo de Shiva, em Katmandu, onde fiquei muito braba porque andei muito para chegar ao prédio, que era de meu total interesse conhecer. Só nativos podiam entrar. Fiquei realmente passada. Tentei subornar o guia para ele subornar o guarda, a maior baixaria.

– Mas se você quer realmente rezar para Shiva, reze aqui de fora que ele vai receber suas preces da mesma maneira – disse o guia.

Se eu tivesse ido sozinha, iria entrar, nem que fosse na marra. O máximo que eles fariam seria me expulsar reclamando. Não ia ser presa, nem tirariam meu passaporte, nem teria que pagar alguma multa. Mas um estrangeiro nunca pode agredir fisicamente um indiano, sob qualquer pretexto. Eu sempre sou a mais educada possível, mas, se tiver que entrar na marra, posso enlouquecer na mesma hora. Em geral, os hindus acham auspicioso que um estrangeiro entre em seus templos e frequente suas festas. Eles se acham prestigiados por estarmos homenageando seus deuses. Quando eu canto os mantras que eu sei de cor para eles, os indianos ficam na maior felicidade. Eles só não gostam que as mulheres frequentem o templo em período menstrual. Esse não é mais um problema para mim, faz tempo.

Outra similaridade Brasil-Índia é o bom humor frente à vida, nos relacionamentos e na família. O "jeitinho brasileiro" criado no improviso pelos mais necessitados para enfrentar seus problemas econômicos tem total semelhança com a maneira indiana de resolver pequenas e grandes necessidades. Por exemplo: o uso de certos materiais em detrimento de outros. Se não têm armários, cobrem os pertences com tecidos bonitos, que são abundantes. Se não têm colírio para a criança, botam leite do peito da mãe ou da vaca. A facilidade na utilização da informática é outro fator semelhante. Todos mexem facilmente nos computadores, nos programas e na internet. Mas é justamente na informática que reside um fator de vantagem para o indiano. Como eles têm milênios de experiência com grandes concentrações mentais, já que lá é a terra da meditação, existem muitos cérebros criando programas e soluções na computação. Os indianos sabem se focar no que estão fazendo. Os norte-americanos e ingleses ficam à espreita nas universidades e empresas indianas para levar as melhores cabeças. Já o Brasil deve ser um dos países com maior troca de informação entre as diversas comunidades e tribos, através das redes sociais e do correio eletrônico. É muito importante a comparação constante entre a cultura oriental e a nossa própria cultura, perceber de que forma são moldados os simples costumes do dia a dia, que fazem toda a diferença no desenvolvimento de uma civilização.

Temos duas realidades que correm paralelas no cotidiano mundial: o desenvolvimento tecnológico, que nos deu a velocidade alucinante de contato e de coleta de informações através do celular, dos satélites e da internet, com suas enciclopédias e suas ferramentas de busca avançada; e o nosso cotidiano pessoal e familiar, que tem que lidar com as neuroses e fobias de todo esse excesso de informação, de comunicação e de estragos ao meio ambiente. O mundo começou a se dar conta – principalmente diante dos grandes desastres climáticos, cada vez mais frequentes, que começaram a pipocar em todos os países – de que algo deu errado. Estruturas financeiras e sociais que pareciam totalmente sólidas e estáveis, criadas pela desenfreada ganância humana, começaram a ruir e a levar insegurança a sociedades inteiras. Hoje, o medo do fracasso social, familiar, profissional e amoroso está espalhado por todos os continentes, alternando angústia e depressão pelo planeta. Quando o remédio mais consumido do planeta é o antidepressivo, algo muito importante não está "batendo". A sociedade é cada vez mais assolada por doenças cardíacas, câncer, doenças neurodegenerativas geradas por vida sedentária, alimentação gordurosa, poluição, pesticidas, químicos, cotidianos cruéis de excesso de trabalho e muito pouco lazer. Indolência e miséria geram povos artisticamente empobrecidos.

TODO ESSE LOUCO ESTILO DE VIVER contemporâneo carrega seus sobreviventes com ele, alguns com boias salva-vidas de farmácia, outros se afogando bastante rápido. E é justamente aí que reside a maior diferença entre a Índia e o Ocidente. Eles têm conhecimentos muito simples e fórmulas já geneticamente absorvidas que permitem que tenham muito mais paz de espírito no seu dia a dia. Eles não só aparentam ser mais felizes que os ocidentais, como eles são mais alegres. Apesar de, ao longo dos 12 anos em que viajei por terras indianas, as cidades terem mudado muito, e a neurose também ter aumentado nas regiões mais desenvolvidas, o que encanta os turistas na Índia é justamente essa magia de se relacionarem tão bem, serem tão hospitaleiros e criarem um clima tão maravilhoso para quem chega ao país.

Não é fácil para todos os turistas ocidentais sentirem esse bem-estar, pois ficam fazendo comparações com o rico padrão de vida ocidental. Os problemas indianos são muitos, principalmente em relação às precárias condições de higiene e ao seu atribulado trânsito caótico, que, mesmo assim, mata muitíssimo menos que no Brasil. Também há trabalhadores do turismo sem treinamento algum para as funções que exercem, comida temperada em excesso, água e ar muito poluídos, centenas de pedintes na rua, tentativas de vender por mais do que seus produtos realmente valem; no entanto, quem consegue abstrair essas dificuldades e ir um pouco além começa a entrar aos poucos na vibração do país, a desacelerar o ritmo ocidental frenético e, basicamente, a suavizar a mente e o espírito.

Não é fácil adaptar o corpo, pois a longa viagem em classe econômica é desconfortável, os voos internos podem ser problemáticos (com atrasos e cancelamentos), as estradas são complicadas e os trens e ônibus são o que há de pior, mesmo na primeira classe. O melhor é viajar com carro climatizado e motorista, mas é também a alternativa mais cara. O organismo também vai sentir os malefícios da comida muito temperada, principalmente o intestino, e, se tomar água contaminada, a infecção pode te levar pra cama por alguns dias. A coluna vai doer das viagens e do peso das bagagens, a rinite vai aparecer devido ao ar-condicionado, à poeira, às queimadas e à poluição, o *jet lag* de 8 horas e meia vai te fazer acordar à meia-noite achando que são 7h da manhã.

Abstraindo os problemas do corpo, ou melhor, superando-os com a acomodação em hotéis de custo médio com confortáveis *spas*, com aulas de ioga composta de posturas (*asanas*), com meditação e massagens com óleos quentes, de repente o corpo começa a ficar bem melhor do que no país de origem. Corpo pacificado, vem a mente do viajante com seu irresistível ego. Tudo que é novo ou diferente, o homem compara: sua cama, sua cozinha, seu banheiro, sua cidade. Mas, depois de poucos dias, as pessoas vão percebendo que um outro mundo é possível. Existem outras formas de fabricar uma cama e um colchão, de pensar nas louças do banheiro, onde o papel higiênico pode ser água, em vez de um rolinho branco imaculado. Afinal, a água lava muito melhor do que o papel.

Em vez de louças sanitárias com bonito *design*, o que o turista vai encontrar, frequentemente, é um buraco no chão com descarga, nos banheiros de locais públicos nas ruas das cidades e nas estradas. Os músculos e juntas têm que ser flexíveis para conseguir se acocorar para as necessidades mais básicas. O mais complicado é a sujeira dos locais mais pobres e mesmo da classe média. As pessoas podem estar de avental ou uniforme branco, mas os punhos vão estar encardidos, pingando gordura, e o colarinho estará marrom. O mesmo se aplica a alguns panos de louça nas cozinhas de hotéis e restaurantes. Alguns pedintes, com mãos melecadas, vão agarrar os teus braços e te servir chá. Os trens e ônibus são grudentos, o esgoto corre nas ruas a céu aberto. O que os indianos recomendam para essas mentes ocidentais tão atentas a seus problemas cotidianos de higiene é treinar a consciência para pensamentos mais nobres do que ficar examinando a sujeira e as carências de suas precárias condições. Para nós, essa abstração é complicada.

UMA DAS PRINCIPAIS RECOMENDAÇÕES indianas para a pacificação do sistema nervoso é o *pranayama*, que, a grosso modo, é o treino da respiração, para movimentar corretamente a energia vital. Eles insistem em dizer (e têm total razão) que os ocidentais desaprenderam a respirar corretamente. Explicam a necessidade de treinar a mente para ter pensamentos mais lúdicos e belos, e não ficar o tempo todo pensando no comportamento errôneo dos outros e de si mesmo e nos problemas do mundo. Os turistas nem precisam se preocupar tanto em treinar a mente, pois o viajante, ao chegar em alguns lugares muito problemáticos, vê tanta desgraça nas ruas (leprosos, doentes mentais, feridas nas peles, pobreza generalizada) que a cabeça vai entendendo sozinha que os nossos pequenos problemas burgueses não têm toda essa importância.

A questão de limpar a mente é vital. Desde pequenos, muitos indianos aprendem a fazer a respiração alternada quando acordam, isto é, a obstrução e troca da narina quando inalam e exalam (*nadishodhana*), que favorece uma dinâmica diferente na mente, em especial na sensação de ver os objetos e as pessoas. Essa respiração estabiliza os canais de energia e imediatamente proporciona uma pequena paz, fazendo com que a pessoa não se irrite facilmente com os problemas diários. A respiração mexe com a capacidade de paciência e tolerância do ser humano e pode tirá-lo de situações de pânico, como fobias em avião, procedimentos médicos, dentistas, exames e concursos. Os indianos também ensinam respirações mais complexas, como a "curativa", que observa a relação 2-8-4 (2 segundos respirando, 8 segundos retendo e 4 segundos exalando todo o ar). Essa sequência opera verdadeiras transformações no ser humano. Um instrutor (mestre) ou um bom professor de ioga são essenciais para praticar e não correr riscos de saúde. A retenção diminui enxaquecas, dor no fígado, barriga e nevralgias. Quando o "respirante" mais treinado está com dor de cabeça e não sabe a que atribuir o sintoma, na fase de retenção, ele consegue perceber qual a origem de seu mal-estar, adquire a consciência de qual órgão está lhe causando a indisposição. A respiração *bhastrica*, que é bem acelerada (só exalando rapidamente, enquanto o ar entra sozinho na inspiração), mexe no sistema digestivo e excretor e diminui a ansiedade por comida, acalmando o diafragma. Uma respiração para iogues mais desenvolvidos é a *nauly*, que faz com que os músculos abdominais mexam de um lado para o outro, liberando toxinas. Se tudo isso parece muito complexo para o ocidental, basta o simples ato de respirar fundo, que já dá uma acalmada geral e deveria ser feito muitas vezes ao dia. Os indianos alegam que quem respira fundo vive bem mais que os de respiração curta. A perda do poder de respirar com todo o abdômen é uma das consequências da perda da consciência corporal de nossa atribulada sociedade ocidental. Nos estudos de ioga mais avançados, a respiração é considerada a conexão da natureza manifesta com o mundo espiritual.

Outra perda que se percebe nos ocidentais é a da capacidade de sentar no chão, sentar nos joelhos e brincar no chão. Apesar de muitas casas terem carpetes muito limpos, são raros os pisos de madeira no Ocidente. Com a frieza dos pisos de cerâmica, o indivíduo não tem mais gosto nem hábito de sentar no chão. Somando-se ao conforto dos sofás e cadeiras, a humanidade passa boa parte do tempo em posturas que deformam a coluna e deixam a barriga flácida. O simples ato de sentar no sofá ou em cadeiras com as pernas cruzadas já é prejudicial à coluna, assim como sentar sem os pés tocarem o chão. O ato de sentar no chão, como os hindus fazem o tempo todo, faz com que o corpo aterre mais frequentemente, o que fortalece o sistema nervoso. É o mesmo princípio do fio terra. Sentar na areia, na madeira, na grama, no granito faz sua energia sintonizar com a terra. Esse mesmo princípio serve para a questão de andar descalço nos ambientes domésticos e nos templos, o que, além de aterrar, não traz impurezas para dentro de casa.

OUTRO GRANDE CONTRASTE É QUE, na Índia, não há cafeterias. Eles consideram a cafeína do chá preto, que eles tomam muito, mais benéfica que a do café ocidental. Ninguém toma café, o que acredito ser apenas uma questão de costume, porque quem é sensível à cafeína do café também vai perder o sono com o fortíssimo chá preto indiano. Para eles, café é toxina. Realmente, há muitos chás pretos indianos que dão uma acelerada muito positiva. Já japoneses e chineses alegam que o chá verde tem cafeína, mas tem também uma enormidade de benefícios, como o fato de ser antioxidante, combatendo os radicais livres que causam o envelhecimento precoce.

O indiano prega a simplicidade alimentar, fato referendado por muitos nutricionistas ocidentais. Quando senta para comer manga, eles comem só manga. Quando é banana, é só banana. O almoço é tão simples que, para um ocidental, parece totalmente repetitivo. Os veganos e macrobióticos não consideram o almoço tradicional indiano como totalmente saudável, principalmente se consumido por longos períodos. Pelo costume alimentar vigente das classes médias e pobres, o índice de gordura e doenças cardíacas é grande na Índia, devido ao alto consumo de derivados de leite, açúcar e frituras. Uma refeição diária tem arroz branco, mas nunca tem arroz integral. O que eles têm de melhor é o *dal* de lentilhas (ou de ervilhas), semelhante ao nosso feijão. É extremamente saboroso e nutritivo e não causa gases como o feijão. A lentilha é a base da alimentação das famílias indianas. Depois, vêm os legumes, quase sempre acompanhados de queijo para completar a proteína da lentilha, já que eles não usam o arroz integral. A panquequinha *chapati* também está sempre presente, sendo possível molhá-la nesse *shabti* de legumes. As saladas cruas são raras e pouco apreciadas.

A recomendação da cultura *ayurvédica* é que os alimentos combinem seis sabores: doce, picante, adstringente, ácido, salgado e amargo. As bebidas tradicionais são água, água com limão e sal, *lassi* (feito de iogurte e fruta) e chá preto com leite, o famoso *chai*, que pode ser gostosíssimo, dependendo do preparo. O *chai* é muito estimulante, principalmente para meu biotipo, que já é excessivamente energético. Suco, só de uma espécie de laranja doce (*sweet lime*), muito gostosa, que lembra nossa laranja-do-céu ou laranja-lima. Refrigerantes e sucos diversos são inexistentes na maioria das casas. Esse quase inexistente consumo indiano de refrigerantes, principalmente das colas, é muito contrastante com a nossa realidade ocidental.

Outro dia, assisti a uma reportagem nacional bem legal sobre como a reciclagem de lixo seco aumentou a oferta de emprego para os mais desfavorecidos no Brasil. Muita gente hoje vive do lixo e consegue manter a família com a renda da reciclagem. O programa mostrou a importância de ganhar o suficiente para obter a cesta básica mensal, que é o mínimo para a sobrevivência de uma família, antes composta por miseráveis. Minha estupefação foi, ao final da reportagem, ouvir a família dizer que agora eles estavam muito felizes, pois já podiam comprar refrigerantes de cola todo dia, podendo, inclusive, tomá-los no café da manhã. E surge a imagem da família, obesa, repartindo uma garrafa de refrigerante de dois litros no café, antes de sair para o trabalho e para a escola. Miséria pouca é bobagem.

Nas casas das famílias indianas ricas, há abundância de refrigerantes, bebidas alcoólicas e carnes variadas. Normalmente, sabemos que um indiano é rico porque é gordo e tem um carrão importado, criando um grande contraste com a pobreza magra das ruas. Os indianos ricos estranham que os ocidentais andem tanto entre os pobres na rua. E andam mesmo, até nos lugares mais lúgubres e insalubres. É muito surpreendente. É a Índia.

ALGUNS TERAPEUTAS OCIDENTAIS recomendam fazer um diário do que comemos (os dietistas também recomendam) e, principalmente, fazer uma lista das nossas metas para aquele ano ou período. Nessa linha, uma terapeuta indiana que vive nos EUA há alguns anos me aconselhou a fazer uma lista de dez prioridades para o ano, de acordo com a importância das coisas que eu quero modificar no meu cotidiano. Todo final de mês, temos que dar uma nota para cada um dos dez itens, fazer a média mensal, depois, a média anual, e compará-la com os anos passados para ver se estamos progredindo ou regredindo. Na Índia, o maior *bad karma* é involuir como pessoa. É a história do príncipe que volta a ser sapo. Sempre temos que estimular nossas virtudes, enfraquecendo os defeitos.

Como eu adoro números e contas, estou gostando da experiência de ficar dando notas para mim mesma. Coloquei as seguintes prioridades: fazer meditação três vezes por dia; ao acordar, antes do almoço e antes de dormir, juntamente com *pranayamas*. A da manhã é barbada, quase sempre faço, pois acordo muito ligada e disposta. Tem sido fundamental. Medito no ar entrando e saindo do nariz, alternando com um pequeno mantra. Deveria fazer 40 minutos, mas faço 20. As duas outras são um suplício. Estou sempre com fome antes do almoço, pois sou completamente gulosa, e fico surtada à tardinha, com compulsão alimentar, buscando qualquer satisfação que seja. Com essa boa nota na meditação matinal (compensando as outras notas, bem vermelhas), ainda daria pra passar de ano. Uma coisa eu sei nesta vida: todos têm que fazer uma parada diária para meditação. Isso muda a vida de qualquer cidadão, mesmo que sejam apenas 20 minutos.

Outra prioridade: fazer ioga pelo menos três vezes por semana. Normalmente, consigo duas vezes, mas, como faço Ashtanga Yoga, primeira série completa, o que é muito puxado, mesmo com meu desempenho apenas sofrível, compenso um pouco a baixa assiduidade. Atualmente, estou com o menisco estourado e tendinite atrás do joelho, o que não ajuda em nada. Em ioga física (*asanas*), daria para passar por média se não fosse o momento atual. A recomendação é fazer exercício no mínimo três vezes por semana, que, além da ioga, pode ser caminhada, natação ou bicicleta. Minha nota nesse quesito também é boa, pois tenho caminhado em diferentes bairros da cidade.

Agora vêm os itens em que estou rodada faz tempo: não consumir açúcar, nem vinho, nem leite, nem café, ou (com mais realismo) consumir muito pouco. Minha nota varia de zero a um. Outra prioridade é comer devagar, pois a compulsão alimentar leva à mastigação ultrarrápida, que é extremamente nociva, pois não deixa que os nutrientes sejam absorvidos adequadamente. Comendo, pareço uma morte de fome vinda da guerra. Se me observo em algum espelho, fico com vergonha. Como a boa mastigação leva à boa digestão, estou mal nesse item, com uma nota muito baixa. Os médicos indianos insistem que só com uma boa digestão o corpo vai realmente aproveitar os elementos essenciais.

Não jantar também faz parte das prioridades. O jantar é a refeição que realmente engorda. Dormir com comida no estômago é extremamente nocivo para a saúde. Normalmente me empanturro com carboidratos na hora do jantar: pão, massa e também queijo. Péssimo. Nota muito baixa. Fazer jejum uma vez por mês, ingerindo somente água, também está na lista. Isso significa 32/36 horas só de água, ou pelo menos só de frutas ou só de legumes. Consigo, mas nem todos os meses. No inverno, fazer jejum é muito sofrido. Nota variável.

Depois, deve-se ter bastante tempo de lazer. Nesse item, tenho notas boas. Apesar de trabalhar muito, quando tenho momentos de lazer, são de alto nível, como viagens, passeios, festas, cinema. O último item da lista é escrever um pouco todos os dias. Essa nota é completamente bipolar. Assim como consigo, não consigo. Tenho preguiça de escrever.

Em suma, fazendo as comparações, há meses melhores e piores, como a vida. Mas minha nota geral dos últimos três anos é 4. O que não é nada bom, embora meu marido me ache totalmente esforçada em tudo que faço e rigorosa demais comigo mesma. Só sei que ter disciplina não é fácil. Em alguns itens, já melhorei muito, mas tem uns engasgos persistentes no meu dia a dia.

De qualquer maneira, as anotações são uma boa prática para ativar a atenção sobre o corpo e o sistema emocional. Comida e nervos são irmãos gêmeos bivitelinos. Com a lista, se fizermos bobagem, pelo menos saberemos o que foi. O pior de tudo é andar no piloto automático, não sabendo mais a quantidade e a origem do veneno consumido, ou deixar que nos entupam de medicamentos, que levem toda a nossa consciência para algum lugar que ainda não sabemos exatamente onde fica. Teve uma época, depois de ir para um ótimo *spa*, no auge da minha compulsão alimentar, em que fiz o exercício de anotar, durante seis meses, tudo que eu comia e bebia diariamente. Foi muito eficiente e muito assustador ao mesmo tempo. Foi quando percebi minha falta total de autocontrole depois das 15 horas, chegando ao ápice às 19 horas. Resultado: fico repleta de comida ruim.

A minha nota que considero boa (e talvez por isso ela não esteja nesta lista) é no item relacionamento com a natureza. Sou muito ligada às plantas, ao céu, às estrelas, às frutas, aos bichos. Realmente, sempre tento comprar produtos orgânicos e, principalmente, produtos de limpeza biodegradáveis. Sou totalmente lacto-ovo-vegetariana e sofro quando tenho que matar mosquitos e formigas impertinentes. Na questão dos pesticidas, Índia e Brasil estão igualmente atrasados. Os alemães e norte-americanos cada vez mais se especializam no universo orgânico.

Apesar de conhecer muito sobre alimentação e estar sempre atenta aos estudos mais recentes, o meu maior problema é conseguir segurar a compulsão alimentar, que é o desejo constante de botar coisas para dentro do corpo, consumir mais do que o organismo necessita e entupir o estômago até sentir-se estufado, o que, nos casos mais graves, provoca dor de estômago devido ao esgarçamento dos tecidos pelo excesso de alimento. Outra sensação terrível é a de não mastigar suficientemente o alimento, usando as enzimas digestivas salivares menos que o necessário, o que provoca dor na laringe pela passagem do alimento ainda inteiro e seco para dentro do estômago. A dor pode ser forte, e a sensação de engasgamento, total. Quem tem esse problema sabe do que estou falando. É um quadro que se repete: o almoço terminou às 13 horas; às 15h30 já começa a vontade de botar alguma coisa para dentro. O ataque também pode começar às 17 horas, que ainda é melhor do que quando acontece às 21 horas e vamos dormir com a barriga cheia, tendo pesadelos e aumentando muito o colesterol e os triglicerídeos.

Já estou ciente da importância de fazer meditação à tardinha, antes de pegar pesado na comida. Como a compulsão se trata de um ataque irracional, as chances de eu conseguir organizar a meditação são mínimas. Contudo, nas poucas vezes em que consegui, vi que é a grande solução, pois a meditação simplesmente interrompe o ataque e faz com que depois, quando vou comer, a ansiedade já esteja baixa. Em suma, o problema é segurar o corpo e a mente na chamada hora do lobo, ao pôr do sol, quando os meus distúrbios psíquicos se manifestam mais intensamente. E isso vem desde criança. Eu lembro de chegar em casa à tardinha morrendo de fome e/ou de angústia e cair de boca em um ou mais cervejinhas (pão francês) ou de devorar uma lata de creme de leite gordo com açúcar.

Depois, tem a questão da bebida, seja álcool, seja leite. Eu geralmente começo bebendo devagar, pequenos goles, e a intensidade dos goles e do volume consumido vai aumentando, a ponto de eu bebericar sem parar. Com o álcool, isso normalmente é uma catástrofe. A procura pelo açúcar nessas horas é brutal. Quanto mais açúcar, melhor (e pior para o nosso corpo). Esse vício pelo açúcar é tão danoso quanto o pelo álcool. Se não for um doce bem elaborado, pode ser geleia com pão, bolachinhas vagabundas, ou mesmo comer doce de leite ou leite condensado de colher. Nunca botei açúcar nas mamadeiras das minhas filhas para não criar essa dependência emocional do açúcar. É possível viciar-se em açúcar por tabelinha, por genética ou pela gestação e amamentação. Nas mamadeiras da minha infância, o leite (ou qualquer líquido oferecido) sempre teve açúcar adicionado. A água e as saladas eram praticamente inexistentes. Fui começar a aprender a tomar água aos 21 anos. Apesar de terem sido educadas extensivamente sobre nutrição na infância, hoje minhas filhas praticamente não tomam água. Talvez seja alguma carga genética, pois meu marido também não toma água.

O terapeuta com quem fui falar de meus problemas achou que eu não tinha compulsão alimentar, por ser musculosa e, de alguns ângulos, até longilínea. Expliquei que eu sempre fiz atividade física intensa para não engordar e que já nasci alta e magra. Uma das coisas que mencionei nas sessões foi que eu achava que era alcoólatra, e ele disse que eu sou apenas compulsiva. "Apenas" é bem singelo. Tem até nome para a minha doença, algo como síndrome da compulsão repetitiva. Pelo menos me encaixo nas classificações dos livros. Há sempre a questão que volta, da morte acidental de meu pai quando eu ainda não tinha dois anos. A história do fantasma que fica sempre cavando um buraco no meu estômago. O saco sem fundo emocional. Aprendi a ir levando, principalmente com o nascimento das crianças.

4. O mundo dos espíritos

Quando os ocidentais esticam sua permanência no subcontinente indiano, já refeitos das mazelas do corpo e já tendo acalmado a mente com mestres de ioga, podem começar a aproveitar os maravilhosos benefícios do conhecimento do espírito. Apesar de existirem muitos mestres falcatruas, alguns, inclusive, muito famosos, é possível encontrar iogues que nos mostram, aos poucos, detalhes de dentro do nosso próprio ser que muitos ocidentais não têm a menor noção que existem até chegarem à Índia. Quando começam esses primeiros lampejos de sensações nunca antes sentidas, através de pequenos entendimentos de que a vida tem mais segredos do que nos ensinaram na escola, a questão espiritual começa a tomar forma. No início, podem ser simples conexões com os pobres nas ruas. Passamos a olhar nos olhos deles e ver que a nobreza é muito mais que uma educação inglesa, vestidos ou joias. O começo da percepção espiritual também pode acontecer no Ocidente, sem precisar ir à Índia. Acontece muito no Nordeste do Brasil e nas igrejas pelo país afora. A questão é que a Índia propicia essa compreensão muito rápido, pois é um país que está sempre em meditação, cheio de rezas e cantos, 24 horas por dia. O ar indiano te inspira a refletir sobre questões metafísicas. Os sonhos podem começar a ser muito profundos, inspiradores e reveladores. Temos esses sonhos principalmente na região de Rishikesh.

De repente, evolui nosso senso de compaixão com os mais necessitados. A questão da violência começa a ser toda repensada, seja no trato com a sociedade, seja com os animais. A preservação da natureza vem como uma questão fundamental para a realização espiritual. Não adianta o ocidental achar que é um cara legal porque cuida de dois gatinhos e um cachorro dentro de casa, mas todos os dias, comer carne proveniente das selvagerias dos matadouros. Pegar bichos para criar, mas, ao mesmo tempo, não conseguir auxiliar, nem mesmo financeiramente, uma criança de abrigo, abandonada ou de rua, tendo condições emocionais e econômicas de fazê-lo, não adianta nada. Hoje em dia, quem não bota minimamente a mão na massa na questão da educação e do desenvolvimento das crianças que não têm família ou que são submetidas a maus-tratos não pode depois reclamar que foi assaltado com um revólver na cabeça. Pode esperar sentado, pois o Estado não vai resolver sozinho a questão da violência extrema que testemunhamos. Na Índia, as famílias são muito numerosas. Os parentes carentes são absorvidos para dentro dos lares. A cooperação mútua entre parentes e amigos é imensa, principalmente dentro das favelas. Os órfãos e abandonados de rua são encaminhados aos *ashrams* (centros religiosos) para receber educação. Em Bombaim e Délhi existem situações críticas de abandono, mas nada comparado aos nossos menores de rua, que já saem assaltando e matando a partir dos dez anos.

A fortaleza espiritual indiana, com seus *sadhus* meditando no Himalaia e suas centenas de monges rezando nos templos, atrai os ocidentais mais sensíveis, pois eles percebem essa vibração espiritual em todo o imenso país. É muito interessante observar os turistas organizados em grupos, contrastando com os ocidentais moradores do país: europeus, asiáticos e israelenses que foram ficando pela Índia. Como em qualquer viagem, os ocidentais começam a se agrupar e a se comunicar, pois vão se conhecendo ao frequentar os mesmos pontos turísticos, albergues e restaurantes. O diferencial da Índia é que os ocidentais vão se mimetizando aos poucos com os indianos. As mulheres começam a vestir sáris ou saia comprida. Os homens vão deixando o cabelo e a barba crescer, colocando *tilaka* (marquinha vermelha ou amarela) na testa. De repente, estão transformados em neo-*hippies*. As meninas israelenses são as campeãs de se vestir bem, misturando o estilo riponga com o contemporâneo. Ao encontrar ocidentais que acabaram se tornando moradores perpétuos da Índia, sempre é muito engraçado ver essa mistura de estilos que gerou um novo tipo de vestuário, mesclado e original.

Os templos são o que existe de mais forte espiritualmente para o visitante, pois se pode entrar na maioria deles na hora das rezas e sentir toda a energia sendo criada ou transformada. É comum pessoas que ainda não têm uma religião bem definida dentro de si mesmas, ou que nunca pararam para pensar nisso, ficarem encantadas com a beleza irradiante das divindades indianas. Parece que os deuses pegam rápido esses espíritos soltinhos. Já vi gente comprar de uma vez todas as camisetas de um determinado deus, como Ganesha, que é o escolhido das crianças e dos iniciantes na prática espiritual. Já vi ocidental entrar nos templos e, de repente, sair cantando OM e sons divinos. Muita gente não vai sentir nada disso, ou porque não está realmente interessada no mundo dos deuses ou porque ainda não está preparada para esse momento. Conforme dizem os indianos:

– Talvez ainda não seja nesta vida.

5. Sexo tântrico

Uma grande (porém sutil) diferença entre ocidentais e indianos é o respeito pela relação sexual. Lembrando que estou falando da Índia mais tântrica, sexualmente ativa, e não da Índia ascética e celibatária. A união sexual na Índia é considerada um ato sagrado, divino. O casal, inspirado em Deus, alcança o divino através do orgasmo simultâneo no ato sexual. O Tantra defende a importância das relações sexuais e ensina seus fiéis a aumentarem o prazer durante o ato. Mas mesmo os casais que nada sabem do tantrismo têm muito respeito pelos órgãos sexuais, que jamais são chamados de nomes chulos como no Ocidente. Eles usam nomes muitas vezes engraçados para se referirem aos órgãos. O pênis é "uma lança encantada", "um cetro de luz". A vagina pode ser a "gruta preciosa", "a porta dos mistérios". Por toda a Índia foram erguidos monumentos a Shiva, os Shiva Lingam, que não passam de um pênis enrolado em uma vagina. Ele é adorado por todos, símbolo da fecundidade. As mulheres que querem engravidar e ter crianças saudáveis passam a mão em vários Shiva Lingam.

Já estudei um pouco o Tantra indiano e o Tao chinês. A parte da potencialização do prazer é muito incrível, embora perigosa, pois pode levar à hiperexcitação, principalmente para o homem. Essa energia tem que ser muito bem canalizada. Os indianos praticantes sabem canalizar para Deus, o que não acontece com alguns ocidentais, que fazem as experiências de sexo sem ejaculação e podem ficar meio abobados e erotizados demais. Os textos tântricos mais atuais falam sobre os perfumes do corpo com óleos afrodisíacos, como almíscar, sândalo, patchuli e jasmim, massagens em ambientes aconchegantes, divinamente sonorizados e iluminados, comidas afrodisíacas, como pimenta, ginseng, cardamomo, canela, cacau, alho e cebola. O álcool no Ocidente é considerado um estimulante e desinibidor dos sentidos, mas, depois, pode atrapalhar o desempenho do ato em si. No Oriente, o álcool não é recomendado pela medicina *ayurvédica*. O fumo e os remédios alopáticos fortes também são considerados um desastre para a vida sexual. O meu problema com a ioga tântrica mais antiga e radical é que, num dos rituais, os amantes devem comer, antes do sexo, carne vermelha e peixe, junto com vinho. Muita contradição para um país com forte viés vegetariano. O Tantra é um assunto muito polêmico para os indianos, pois já foram realizadas muitas práticas nefastas.

Existe atualmente uma questão sexual na Índia muito mal resolvida, que está se refletindo em constantes e violentos estupros, muitos deles coletivos. Há uma repressão muito grande ao relacionamento sexual entre homens e mulheres, além da falta de mulheres, que há séculos vêm sendo descartadas ainda na gestação e no nascimento pela questão do dote. Quando os homens explodem sexualmente, podem acabar causando muito estrago ao fazer vítimas entre mulheres turistas, trabalhadoras nas ruas e até familiares dentro dos próprios lares.

O abuso sexual doméstico é também muito conhecido no Brasil. No Ocidente, de maneira bem oposta, o sexo mais livre está gerando muita confusão, com uma sociedade erotizada em excesso já na juventude, o que é estimulado pela mídia, pelas novelas, pelas *sex shops* e pelos filmes. Outra consequência é o lixo cotidiano das letras vulgares dos *funks* nas festas. É o que tem de pior.

Deveria ser muito fácil perceber que o sexo é apenas mais uma atividade básica do ser humano, como eliminar urina, fezes, gases, com a diferença de que pode dar muito prazer, gerar carícias e, fantasticamente, bebês. Mas o sexo não passa muito disto: o orgasmo é obtido com certo número de estocadas bem feitas, com um falo pequeno ou grande, que bate num determinado ponto feminino. Esse ponto na vagina, quando bem estimulado pelo falo, num encontro de parceiros bem coordenados, que conseguem chegar simultaneamente ao êxtase, pode levar, inclusive, a uma breve transcendência, muito bem explanada e potencializada pelo ioga tântrico. Acontece que o complicadíssimo entorno cultural desse simples ato sexual cria fetiches e ilusões de todos os tipos, que não passam de labirintos que chegam ao mesmo ponto: confusão e insegurança.

O sexo bem feito é gerador de saúde física e mental, de amor e carinho. Pelo Tantra, o sexo ainda pode ser espiritual e inspirar rituais. Aliás, foram criados mitos para tudo na Índia. Todos os deuses têm seus rituais exclusivos. Tem ritual para comer, rezar, casar, nascer, habitar uma casa, começar um trabalho. Tudo tem que ser celebrado e preparado para a ocasião. Os casamentos são absolutamente incríveis. Quando souber de algum casamento indiano, seja de que casta for, dê um jeito de ser convidado. Quanto mais ricos forem os noivos, melhor. A cerimônia pode durar quinze dias e quinze noites.

6. Profissão repórter

Quando trabalhei como repórter, cheguei a gostar muito do que estava fazendo. Nas três vezes que saí para procurar emprego, fui contratada no mesmo dia. A segunda vez que trabalhei em TV já foi por convite. Em casa, eu dizia:

– Hoje vou conseguir um emprego!

Normalmente, voltava no mínimo com um contrato de experiência, às vezes já na carteira. Tenho certeza que era sempre bem mais pela minha aparência de juventude saudável – que, na época, era muito boa – do que pelo talento em si. O talento eu conseguia mostrar na prática. Os editores e chefes de reportagem gostavam de contratar profissionais que se formavam na universidade federal, pois, para eles, isso era sinônimo de inteligência.

Eu trabalhava em rádios quando começou uma pequena abertura política entre os anos 1978 e 1980. Nós não éramos muito vigiados nas rádios pequenas, então, eu aproveitava para sempre deixar um toque pessoal de esquerda. Na rádio rural em que trabalhei, botava pra quebrar com notícias sobre as reivindicações dos agricultores. Na rádio para jovens, era menos política, mas tentava colocar muitas informações sobre as novidades da Europa e dos Estados Unidos.

O assédio sexual nas emissoras era – e ainda deve ser – muito grande em cima das jornalistas jovens. Tínhamos que estar sempre alertas. Na rádio para agricultores e pessoal do interior, que tinha grande alcance de público, pois possuía a maior antena de transmissão do estado, eu tinha dois chefes: um era alcoólatra e o outro era negro (agora, temos que dizer "alcoolista", assim como "afrodescendente"). Na época, nós chamávamos a dupla de "o nego e o pinguço". O alcoolista era branco e muito descolado, sabia tudo que estava acontecendo no mundo. O problema era que bebia em serviço. Às vezes, era dureza arrancar os jornais do Rio e de São Paulo, nossas fontes de notícias, de debaixo do corpo dele, pois ele dormia com os braços em cima da mesa. Muitas vezes, o jornal vinha babado. Nessa hora, quando eu tinha que ler notícias com uma marca redonda molhada em meio aos títulos para fazer os recortes, tinha vontade de matá-lo, pois ficava com muito nojo do cheiro do álcool. Como o real prazer dele era a cachaça, nunca me assediou. O problema maior era o outro editor, o obeso de cor, na época, o "nego gordo". Este não bebia, pois era de uma dessas religiões de lei seca, mas, quando eu passava por ele, sempre dizia:

– Quando eu te pegar sozinha nessa redação, vai sobrar pra ti.

– O teu peito!

– Quando tu estiver de plantão no final de semana, vamos dar uma conferida no lado bom da vida. Tem um motel legal bem aqui perto da emissora.

– Vai te enxergar! Eu sou casada.

Ele se achava muito espirituoso. Apesar de eu não dar muita bola, sempre olhava a escala de plantão e fazia trocas, se necessário, para nunca ficar sozinha com ele na emissora.

Fiz uma amiga muito boa nessa rádio, na qual também trabalhava um colega de faculdade que, hoje, é um jornalista famoso. Ajudei a pagar o parto dessa amiga, que estava dura, embora, naquela época, eu também estivesse meio dura.

Na rádio para jovens, eu ganhava muito bem, tanto que, depois de um tempo, ela faliu porque pagava a todos corretamente, o que, no mercado do jornalismo, não é uma prática comum. Normalmente, jornalistas ganham muito mal, o que me deixava muito frustrada. Eu me divertia muito na rádio jovem. Cheguei a gravar umas vinhetas de áudio para a rádio com minha voz, que eram muito populares. Nessa rádio, não tinha nenhum chefe que fosse pra cima de mim, embora eu me sentisse bastante admirada, pois trabalhava sozinha com uns cinco homens.

Acontece que um dos colegas começou a me admirar demais, e eu percebia, com a cabeça baixa, que ele passava horas me olhando. Ele dizia que me olhava como musa para se inspirar para a redação das notícias. Enquanto éramos colegas, ele teve um filho excepcional, o que fez com que ele entrasse numa leve depressão. Nesse momento, fui muito querida com ele, para tentar ajudá-lo a segurar a barra. A esposa estava em estado de choque, não conseguindo amamentar. Eu levava dois lanches de casa, porque sabia que ele estava duro. Um bombom, umas balas. Eu sou do tipo mãezona, não adianta. Só que aí a admiração passou a ser uma espécie de paixão. Ele chegou numa manhã, sem depressão, de banho tomado, barba feita, todo arrumado, e eu disse:

– Olha! Hoje já dá pra ver que tu começou a te recuperar. É isso aí, bola pra frente!

– Eu tenho algo pra te confessar. Tu pode me escutar um pouco no intervalo?

– Ok.

Gelei, pois já imaginava o que poderia vir. Parecia a novela das oito.

– Olha, tu é a pessoa mais fantástica com quem já trabalhei. Bonita, cheia de vida, talentosa, educada. Eu estou completamente apaixonado por ti. Acho que tu já percebeu, inclusive.

– Meu Deus, que complicado! Fico lisonjeada. Mas o que tu espera de mim? Nós somos casados.

– Eu gostaria de te pedir em namoro. Acho que, como nós nos acertamos muito no trabalho, nas ideias políticas, podemos nos acertar também namorando.

– Como assim? Nós dois temos família. Eu não tenho nenhum interesse em ter um namorado!

– Eu sou louco por ti! Penso em ti noite e dia. Falei com meu pai, que me aconselhou a te expor meu sentimento. Ele acha que uma parte da minha depressão vem do menino, e a outra parte, dessa minha paixão recolhida por ti, ainda não correspondida.

– Tu me desculpa se algum dia te passei alguma ideia errada, mas eu não estou interessada em te namorar.

– Eu te proponho um teste. Nós namoramos, experimentamos e, depois, se der certo, que eu acho que vai dar, cada um pede divórcio do seu casamento e nós casamos.

– Cara, por favor, eu acho que tu está muito confuso por causa do nascimento da criança com deficiência, do estado de choque da tua mulher, mas é justamente nesse momento que tu tem que estar bem presente na tua família, na tua casa. Tu tem que apoiar tua mulher em todos os momentos e ajudar a cuidar da criança. Não adianta pirar e tentar sair fora do problema com outra mulher. Tu também já tem a tua filha, que é linda, sem nenhum problema. Tu está fazendo o contrário do que deveria fazer neste momento. Seria legal procurar uma terapia de apoio.

– É que tu tá achando que eu estou sendo apressado e louco, mas eu pensei muito em tudo isso e acho que é o melhor para nós. Eu já estava louco por ti antes do bebê nascer.

– Por favor, esquece o nós. Eu não vou te iludir, não existe nenhuma possibilidade de eu vir a ser tua namorada, entende? Mesmo se eu fosse solteira, eu não seria tua namorada. Então, por favor, me esquece. Acho melhor eu trocar de sala para podermos continuar a trabalhar na mesma emissora.

Ele saiu voando em direção ao banheiro, transtornado. Tinha virado novela mexicana. Eu não aguentei, um dos dois tinha que sair. Pedi demissão, apesar de gostar muito daquele salário. Ele, sem esse trabalho que sustentava quatro pessoas, entraria em total depressão e talvez até se matasse. Tive sorte e entrei imediatamente para a reportagem de TV, que foi muito mais louco que o rádio.

As matérias que eu gerava eram para um jornal local noturno, de grande audiência. A equipe era muito boa, fiz várias amizades. Fui aprendendo que, nas emissoras de TV, assim como em muitas grandes empresas, se você for bonita, sofre três pressões:

Primeira: transar com alguém que te favoreça, o que, para mim, é inaceitável;

Segunda: transar com vários que gostariam de transar contigo, mesmo sem nada a oferecer, só porque são seus colegas e acham que têm o direito. Isso foi frequente e também é inaceitável;

Terceira: segurar a barra provocada pela inveja total das outras mulheres, principalmente das feias.

Eu conseguia sobreviver no meio disso tudo da seguinte forma: nunca transei com nenhum chefe ou com qualquer homem que pudesse me "projetar", e acabava conquistando, com simpatia e talento, os que tentavam me perseguir ou me invejar. Mesmo assim, sempre vão aparecer os que vão nos odiar e tentar nos destruir aos poucos, independentemente do que façamos. São pessoas que estão na vida para isso. Quando não dá para se afastar desse tipo de pessoa, lidar com elas é sempre um aprendizado.

No começo de carreira, sempre damos algumas cabeçadas. Nessa TV local, eu estava na editoria geral (qualquer notícia que pintar) e na economia. Na geral, eu me dava muito bem, principalmente quando eram crimes, confusões domésticas, protestos. De economia, eu não entendia nada. Ficava restrita às perguntas que o pauteiro me passava. Tentava me inteirar do assunto da melhor forma possível, mas as explicações em economês faziam com que eu me sentisse burra. Mesmo assim, eu estava indo bem nas reportagens e todos me achavam muito carismática. De vez em quando, eu substituía o repórter de política. Comecei a conhecer os partidos e me aproximar dos políticos. Alerta laranja!

Fui chamada pelo dono da emissora. Fiquei apreensiva quando fui encontrá-lo, em seu escritório no centro da cidade. Sempre a paranoia da possibilidade de assédio. Ele era muito famoso no estado, dono da emissora de TV, de rádios e de três jornais. Um senhor idoso muito simpático, que tentava passar a direção dos negócios para seu filho. Conversamos animadamente sobre assuntos gerais, tomamos café. No final da conversa, ele me disse:

– Eu sempre observo tuas reportagens na TV. E admiro muito o teu trabalho. Minha filha, tu tem muito talento, pois tu é muito inteligente e dinâmica. Tu vai te dar bem no jornalismo ou no que tu escolher na vida.

Fiquei vermelha, agradeci e saí rindo na rua. Tinha sido um elogio importante, e ele não tinha me convidado para jantar.

NESSA TV, FIZ DUAS REPORTAGENS que me fizeram refletir se era isso mesmo que eu queria na vida. E vi que não era. A primeira matéria, que fez com que eu fosse de Kombi muitas vezes para a serra, 300 quilômetros cada vez, foi sobre o assassinato de uma mulher nos seus 40 anos. Ela foi num jantar com o marido e, na volta, os assaltantes cercaram o carro, a levaram, mataram e largaram o corpo no mato. Fiquei muito consternada e até me envolvi com a tristeza do marido e dos filhos. A polícia não achava os criminosos. Depois de eu me solidarizar totalmente com a dor do marido, apareceu um seguro de vida muito alto feito pela esposa para o marido. Para a sociedade local, ficou claro que tinha sido ele, mas foi um crime perfeito. Nenhum vestígio foi deixado. Os filhos, jovens, acreditaram na versão do pai. E ficou tudo por isso mesmo. Ele está solto até hoje e recebeu o dinheiro. Fiquei me sentindo uma idiota.

Outro momento que foi fundamental na minha carreira: estávamos na ditadura militar e eu e o câmera conseguimos furar todo o bloqueio de segurança e chegar na frente do odiado presidente Figueiredo. Quando eu fiquei cara a cara com ele, com o microfone na mão, percebi que não tinha nada para perguntar. Me deu um branco. Eu poderia ter dito:

– Presidente criado pela ditadura! Tu não representa nada para mim nem para os brasileiros. Sai fora! Eleições diretas já! (Ainda não era época das Diretas Já.)

Se eu dissesse algo com esse teor, o segurança me prenderia e eu seria despedida da emissora. Como eu tinha muito sangue rebelde no corpo, entrei em contradição por não ter feito isso. Achei que deveria ter feito alguma pergunta perspicaz. Essa pergunta não veio, e eu me senti uma tonta, uma idiota com o microfone na mão. Ninguém percebeu, e a comitiva passou correndo. O câmera que estava comigo notou minha relutância e perguntou:

– Por que tu não perguntou nada?

– Não tinha nada que eu quisesse saber.

Essa emissora pagava um salário razoável, mas começava a entrar água no barquinho, e os pagamentos começaram a atrasar. No segundo mês de atraso, pedi demissão. Logo depois, fui convidada para trabalhar na maior TV do estado, com possibilidade de gerar matérias para a rede nacional. Lá, foi muitíssimo louco. Entrei para um programa matinal direcionado para mulheres. Minhas matérias começaram a fazer sucesso desde o início. O jornal do grupo divulgava muitas fotos minhas, pois eu tinha um cabelo meio *punk* que, na época, já era *new wave*. Uma loja descolada me vestia com roupas incríveis para as reportagens. Ao mesmo tempo, eu estava fazendo cinema e tinha a banda, que estava produzindo. E, com todo esse sucesso local, o salário era um fracasso. Eu reclamava dele e do excesso de trabalho o tempo todo. Ao mesmo tempo, havia o gostinho de sentir que muitas pessoas começavam a me reconhecer na rua, o que ilude o ego, que sempre diz:

– Me ilude que eu gosto.

Os assuntos das reportagens, muitas vezes, eram para "mulherzinhas", o que me enlouquecia, mas consegui fazer matérias de exposições de arte, música, cinema, muitas vezes com uma estética bem avançada para a época. Eu só queria fazer arte, mas me botavam pra editar artesanato, por exemplo, ensinando a fazer um cestinho pro natal. Acabei chutando o balde.

Cada dia mais revoltada, dormindo pouco por causa das outras atividades, fui brigando com alguns colegas que me perseguiam muito desde que comecei a fazer sucesso. Existe sempre o conflito de quem está na vitrine (aparece na TV) e quem não está. Em suma, eu já estava aprontando e não respeitava mais ninguém. Acabei sendo despedida pela diretora do meu núcleo. Daí, mergulhei fundo na minha empresa de cinema, que já estava começando a ter trabalhos remunerados, comecei a fazer institucionais de empresas para sobreviver e entrei mais fundo na banda, agora como tecladista e *backing vocal*. Eu precisava de algum canal artístico para me expressar, mas também precisava pagar minhas contas, que sempre foram significativas. Minha vida mudou muito, e para melhor. No começo, sempre me assusto, mas logo sigo em frente para algo mais expressivo ou lucrativo. Espero que continue assim.

7. Muitos lugares, muitos livros, pouco tempo

Voltando da Índia, passei pelo Brasil, trabalhei algumas semanas e voei para a Bélgica. Hoje, acordei em Bruxelas às 6h30 da manhã, tomei banho e fui pegar um trem pra Brugge, cidade vizinha. Cheia de chocolate, Brugge tem canais bonitos, que percorri de barco, com um capitão que ficou impressionado ao descobrir que brasileiros podiam saber francês. Fomos em três igrejas maravilhosas, que tinham som de órgão e cantos gregorianos. Uma delas exibia nada menos que uma Pietá de Michelangelo, a madona com seu filho no colo, em mármore de Carrara. Bruxelas é pequena, mas muito louca. Em Bruxelle, como eles a chamam, participamos do dia do orgulho *gay*, com uma manifestação de 50 mil pessoas contra a morte a tiros de um garoto praticada por um homofóbico em um bar. Tive muita sorte de estar aqui nesse momento. Encontramos dois amigos de Porto Alegre. Foi um momento muito especial, que rendeu ótimas imagens em vídeo.

Apesar de estar circulando o tempo todo, estou travada, pois ando comendo muito, tomando muito vinho e sem fazer ioga. Mas é um período que estou passando em ótimos lugares e não tenho do que reclamar. Tenho que me preparar para ir para Cannes daqui a dois dias. Em Cannes, o bicho sempre pega por causa do velho *mainstream*. Principalmente se você for com a intenção de trabalhar, que é o nosso caso, levando nosso longa brasileiro de baixo orçamento para o mercado. Você não para de falar com gente o tempo todo, indo para cima e para baixo. Jantar tarde, comer e beber em excesso. O problema é que o brasileiro, todo ano que vem para o Velho Mundo, se lambuza, porque a comida é boa demais, e o vinho, incrível. Na volta ao Brasil, não se encontra nada tão bom no mundo gastronômico, e o pouco que tem, principalmente nos restaurantes paulistas, custa muito caro. O Brasil é um país muito dispendioso atualmente, e os serviços, em sua maioria, são muito precários. O supermercado em que faço compras em Paris é, em média, mais barato que a rede de supermercados da minha *misery town*.

Sei que, se eu fosse meditar aqui, já me acalmaria e teria estímulo extra, mas não está fácil parar para meditação nesse momento. Minha disciplina aqui na França às vezes é zero. Sempre foi (mesmo em outros lugares). Eu tinha muita facilidade para aprender as matérias na escola, mas não conseguia prestar a mínima atenção nas aulas, na maior parte do tempo, porque a minha cabeça sempre flutuava. Tive que me concentrar muito na época do vestibular para passar na Federal. Depois que entrei na faculdade, voltei a ficar viajando nas aulas, mas, quando o assunto me interessava, me dava muito bem.

HOJE, NO CENTRO DE BRUXELAS, vi uma oriental tentando caminhar no paralelepípedo com um salto altíssimo. Era engraçado, porque ela tentava se equilibrar, toda torta, evitando as frestas entre as pedras. O que leva uma mulher a percorrer grandes distâncias de salto, principalmente em uma viagem de turismo? Não tem vaidade que explique. Um salto alto se justifica para ficar parada em uma festa, dando pequenas caminhadas entre as mesas, em um desfile de moda, num casamento, no palco. Mas caminhar pelas ruas vai ser sempre um suplício que vai destruir a coluna e o pé. É a mesma situação das mulheres que usam salto dentro do avião. É querer levar um tombo ou torcer o pé. Algumas fazem excursão, dessas em que o guia vai com o guarda-chuva na frente, e elas, de salto alto, caminham lá atrás, correndo para acompanhar o grupo, com o salto barulhento. Muito complicado se o objetivo for apenas chamar a atenção dos homens. Se ainda fossem adolescentes inexperientes, mas umas mulheres já bem resolvidas... Na Índia, as mulheres definitivamente não usam salto alto nas ruas. E dificilmente o usam em casa ou em festas.

HOJE, O MEU PROBLEMA É QUE estou com essa pequena depressão que me acomete às vezes, principalmente depois que começou a menopausa, mas que não é o suficiente para me fazer tomar uma providência. É uma melancolia que o meu marido diz que, no fundo, é preguiça, mas que acontece. Talvez seja apenas um *sugar blues*, pois meu almoço foi apenas doces franceses e turcos, num piquenique que organizei na praça em frente à catedral de Brugge. Foi meio croissant e meio doce francês com nutella, e um e meio doce turco com pistache, acompanhados de chá verde quente com menta. Alimentação totalmente infantil, que só pode levar à melancolia enquanto o açúcar desliza pelos meus vasos e embolota meu fígado. O último exame que fiz apontou que estou com algumas bolinhas de gordura no fígado. É bom ficar de olho, mas, mesmo assim, não consigo trocar os hábitos alimentares. Pareço meu avô dizendo:

– Vou morrer cedo, mas comendo o que gosto.

Eu não quero ser assim, porque sei que, se me aparecer uma doença mais grave, como a diabetes, por exemplo, vou me arrepender perdidamente, pois é um caminho sem volta. O problema é que como um doce ou tomo um vinho e sempre penso: "só esse pouquinho não vai fazer mal". Mas é justamente esse pouquinho diário (que, às vezes, vira bastantinho) que vai consumindo nossa saúde, principalmente depois dos 50 e assustadoramente mais rápido depois dos 60. É a eterna luta entre a aparência, a vontade de ser saudável contra os eternos vícios do cotidiano, muitas vezes genéticos. Alimentação errada que acidifica totalmente as articulações e endurece os vasos. É simples entender a dinâmica da mente-estômago: basta ficar olhando as cataratas do Iguaçu batendo nas pedras, sem poder interferir.

Outra questão que me aflige é a de que eu tenho tantos lugares para ir no mundo, mas o tempo está passando e sei que muitos deles não vou conseguir conhecer. Há sempre os lugares que eu quero repetir: Paris, Nova Iorque ou qualquer lugar da Índia. Há todas as ilhas que nunca consegui alcançar, como Havaí, Bali, Indonésia, Filipinas, Martinica, Cuba e muitas outras. Não consegui ainda chegar ao Japão, pois, quando me programei e comprei passagem para a família toda, aconteceu o grande tsunami. Perdi 25% do valor das passagens. China, Austrália e Nova Zelândia, Tibete, Patagônia, Rússia e Israel também são lugares que ainda quero conhecer.

Gostaria de voltar para lugares divinos, como Pushkar, Rishikesh, Srinagar. Estou programando uma ida para o Monte Kailash, no Tibete (que os chineses acham, iludidos, que é deles). É uma montanha sagrada, considerada o lar do deus indiano Shiva, à qual se chega por uma trilha, dando no mínimo uma volta em torno do topo. O problema é que são mais de 5200m de altitude, frio grosseiro (eu odeio frio) e três dias de caminhada até o topo: dois dias de seis horas e um dia de oito horas. É preciso estar preparado física, mental e espiritualmente. Espírito e mente até que estão numa boa, mas, se eu não aguentar a subida, com esse joelho esquerdo estourado, os *sherpas* não vão me carregar no colo, pois o caminho é muito estreito e íngreme. Vou conseguir, mas tenho que andar mais de bicicleta e muito mais a pé para fortalecer as pernas. Tem como contratar um helicóptero para resgate, mas deve sair uns 10 mil dólares. Quem conseguiu chegar lá diz que a vida nunca mais foi a mesma. Muitos não chegaram. Adoro desafios como essa montanha. Sei que o meu corpo é forte, mas já foi muito castigado por anos de movimento *punk*, cigarro, bebidas, drogas e farras.

Também sinto que não conseguirei ler todos os livros que quero. Eles vão formando pilhas cada vez maiores em minha estante, e sempre aparecem novas maravilhas literárias. Livros de ioga, viagem, filosofia. Queria ler todos os filósofos clássicos, os poetas franceses em francês, os *upanishads* indianos, peças de teatro inglesas. Em suma, muita coisa. Eu leio em todo o meu tempo livre, mas, mesmo assim, meu consumo literário ainda é muito baixo.

8. O (meu) mundo (não) vai acabar

Voltei para o Brasil antes do tempo, num período de final de ano, quando meu trabalho acumula muito rápido. Botei tudo em dia. Preparei uma festa de final de ano na empresa. Estava muito boa. Só comida vegetariana *gourmet*, espumante nacional *rosé* feito no método tradicional, cerveja boa e música pra dançar até de madrugada. Já tinha organizado a ida da família pra passar o ano novo no México. Como estava a maior onda mundial de que o mundo ia acabar no dia 21 de dezembro, fim anunciado no calendário maia, resolvi (se o mundo ainda existisse) ir conhecer o que sobrou dessa civilização.

Passou o dia 21, o mundo não acabou, então fui tentar descobrir o porquê dessa onda catastrófica. Como minha filha mais jovem ia fazer vestibular, a filha do meio ficou cuidando dela. Então seguimos viagem, eu, meu marido, a filha mais velha e uma amiga da idade dela. Começamos pela Cidade do México, conhecendo os murais de Rivera e nos apaixonando por Frida Kahlo em sua casinha colorida. Eu não sabia, por exemplo, que a elegante postura ereta da Frida vinha de seus torturantes coletes para segurar sua fragilíssima coluna, que a levou à morte precoce. Andamos por ruas antigas e navegamos por canais acompanhados de Mariachis tocando por tudo quanto é lado. Que vida boa! O Museu Antropológico é um dos mais interessantes do mundo, pelas suas reconstituições de muitas culturas. Quando entrei pela porta principal e fiquei sozinha uns instantes, olhei para a TV que dava informações sobre o museu e lá estava o deus indiano Shiva me olhando, embalado por música de cítara. Já gostei. Os parques da Cidade do México também são lindos. As meninas se jogavam em todas as guacamoles que viam pela frente. A comida é muito apimentada para mim, mas consigo algumas boas opções vegetarianas.

O grande lance da viagem foi a ida para Cancún. A península de Iucatã é louquíssima e muito visitada por turistas de todo o mundo. Ela abrigou a civilização maia em seu apogeu, com construções ainda bem preservadas na beira do mar do Caribe, em Tulum. É beleza demais para um lugar só. Pegamos um barco e, quando ele se afastou um pouco dos prédios principais do povoado, enxergamos a casinha do pajé no meio do mato. Ele tinha uma vista nobre para o mar. Emocionante. Fiquei muito tocada com todos esses prédios de pedra. O momento mais alucinante foi quando cheguei a Chichén Itzá, com sua pirâmide que ecoa o som de quem passa. A energia do lugar é tão contagiante que as pessoas chegam a ficar um bom tempo em silêncio enquanto caminham.

Há turismo ecológico para tudo quanto é lado da península, com praias bravas, praias mansas, cenotes fantásticos, museu encantador embaixo da água do mar (que conhecemos mergulhando), centenas de hotéis, *resorts* e pousadas com bons restaurantes. Nosso ano novo foi no centro da cidade de Cancún, na rua, em meio aos turistas e aos mexicanos, sem fogos de artifício, mas com muita animação. Havia baladas de *réveillon* para todo lado, para o deleite das meninas, que foram, segundo elas, no clube mais animado do mundo, com vários palcos com atrações ininterruptas a noite inteira. E o melhor: dá para voltar caminhando pela beira do mar de madrugada e ninguém te assalta. Saí do país apaixonada pelos mexicanos, que são muito queridos, por Frida, pelos maias e, principalmente, pelas estátuas de pedra submersas. Ainda bem que conheci só o lado bom do México.

MAS, TUDO QUE SOBE UM DIA DESCE. Chegamos ao Brasil e tivemos problemas de saúde na família, confusões generalizadas e trabalho truncado. Ficaram doentes, ao mesmo tempo, meu marido, minha filha mais velha e meu padrasto. Complicado, mas faz parte. Mesmo assim, conseguimos passar um mês na praia, trabalhando nos computadores de lá, com várias preocupações domésticas, mas perto do mar. Ainda bem que minha filha menor tinha passado no vestibular da Federal, e eu, pela primeira vez, deixava de pagar colégio particular para três alunas ao mesmo tempo, o que aconteceu por 22 anos consecutivos. Quem tem filhos muitos anos em colégios particulares sabe do que estou falando. Foi apenas uma fortuna.

Minha filha do meio, que estuda Relações Internacionais, tinha ido para o interior de Uganda fazer voluntariado. Ajudou em construções, ensinou inglês e vôlei para os africaninhos, conheceu um hospital e, na folga, fez um safari. Ela curtiu demais a viagem. Apesar de ter sido criada numa base natureba, sem tomar nem aspirina, teve que encarar, para a viagem, 45 dias de tetraciclina, como medida preventiva contra um dos tipos de malária da região, que pode matar em cinco dias. Teve que levar tipos especiais de repelente e de filtro solar, pois os do Brasil não fazem nem coceira nos insetos e no sol africanos. Dormiu com mosquiteiro, objeto que também adotei nas nossas camas aqui na cidade e na praia, porque ninguém aguenta esses tabletes de veneno fedorentos que atacam a rinite. Por sorte, ela não foi comida por um leão nem pisoteada por um elefante, pois acampou bem perto de uma reserva dos bichos.

Voltei para Porto Alegre e me meti num trabalho que parecia confuso, mas interessante, e se transformou na maior roubada. Não consegui receber o combinado e sugou muito da minha energia. Por mais que eu me proteja, ainda sou uma esponja energética. Não vou descrevê-lo para não ferir amigos que estavam juntos na roubada. O que aprendi nesse trabalho? Nada de muito novo. Entendo que cada um tem que saber sua função na vida, seja para ser maestro de uma orquestra sinfônica, seja para ser lavador de carros. Cada um tem que compreender logo o que sabe realmente fazer, ou trará muito sofrimento para si e para os que estão ao seu redor. Citando Shakespeare: "A loucura dos poderosos tem que ser vigiada".

DEPOIS DE MUITOS ANOS DE TRABALHO, pelo menos tenho meu escritório em uma casa bem confortável, com espaço, jardim, madeira no chão, sacadas. Como passamos mais tempo trabalhando do que em nossa própria casa, o escritório tem que ter conforto. Não consigo trabalhar em baias, em edifícios cuja arquitetura não permite a abertura das janelas e temos que conviver somente com o insuportável – mas, às vezes, necessário – ar-condicionado.

Ao trabalho de produtora executiva que faço, se soma o de administradora geral da empresa. Controlo o desenvolvimento dos projetos, a trajetória financeira de cada um deles e da empresa como um todo, além de fazer as contratações de prestadores e funcionários. Tenho trabalho para preencher todo o meu tempo, mesmo delegando tarefas para os assistentes. Sendo empresária, mesmo nas férias, finais de semana e feriados, tenho que estar ligada nas filmagens, nos problemas da sala de cinema que administro, nos funcionários. As correntes de água não param nunca, assim como os negócios. Só mesmo no interior da Índia para poder ficar mais desplugada, e, mesmo assim, às vezes vai um familiar próximo para o hospital e fico monitorando por telefone. Se alguém morre, levo no mínimo dois dias para voltar de lá. Se a doença for de familiares mais chegados, fico atenta.

Eu reclamo, mas consigo satisfação no meu trabalho, mesmo afogada em números e nomes. Eu gosto de tabelas financeiras. Os zeros não me assustam, principalmente se alguns zeros sobrarem para mim, o que, no cinema, é raro. Na empresa, não deixamos de fazer trabalhos que valem a pena, artística ou socialmente, mesmo que financeiramente não sejam lucrativos. Ao mesmo tempo, sabemos que, para manter nossa estrutura, não é possível viver só de ideias e arte, pois sempre tem que haver trabalhos comerciais para manter o dia a dia. O melhor mesmo é ver nossos filmes prontos, na tela do cinema ou na TV, mas, para isso acontecer, é necessário vencer a verdadeira maratona que é produzir um filme, o que pode exigir alguns anos de trabalho preparatório, chamado de pré-produção. Eu já participei de prés que duraram cinco anos. Tem que ter muita paciência e muita determinação para tocar um longa-metragem ou uma série de TV.

Desenvolver ideias para filmes, roteiros, mostras e eventos não é problema na empresa, pois não nos faltam projetos interessantes, pelo menos dentro de nossa concepção de bons projetos. O grande desafio é conseguir recursos financeiros para viabilizá-los, principalmente se o projeto for grande. Quanto maior o projeto, maior a dificuldade de obter recursos e maior o número de problemas que vão tomar todo o nosso tempo, em sua maioria com a insuportável burocracia. Quem trabalha com leis de incentivo – o que, no Brasil, ainda é uma das formas mais comuns de fazer o projeto sair do papel e virar uma obra audiovisual – sabe os limites absurdos a que pode chegar a burocracia, tanto na apresentação do projeto quanto, principalmente, na hora da prestação de contas. Por mais que o projeto esteja organizado, sempre vão surgir pequenas ou grandes diligências para resolver. Acontece que, em nosso país, um filme não paga o próximo. Só se for um sucesso absurdo de bilheteria, o que acontece com umas cinco produções nacionais populares durante o ano, principalmente comédias, enquanto mais de cem lançamentos nunca vão pagar os custos de produção. Além disso, as empresas nacionais participam muito timidamente dos financiamentos.

Ainda assim, é importantíssimo fazer filmes que retratem a nossa época, nossos costumes, e que sejam transformadores, mesmo que comercialmente nunca se paguem. O grosso da população prefere ver novela de TV e programas populares. Ao mesmo tempo, quando fazemos uma sessão comentada de curta ou longa numa vila, o público recebe a iniciativa super bem e adora sair dando opinião e discutindo. Quando conseguimos atrair a atenção de mentes acostumadas com os lugares-comuns das novelas, é muito gratificante.

NO ESCRITÓRIO, HÁ DIAS em que tenho mais satisfação do que em outros, como ocorre com toda a humanidade. Acontece que todo mundo quer ser ator, atriz, diretor, roteirista, mas são poucos os que gostam de ir para a produção, carregar piano, passar o dia se incomodando com algumas pessoas chatas, receber bronca. Mas sem produção, não há filme. O roteirista pode ser genial; o diretor, criativo; o ator, talentoso, mas sem produção, eles não terão condições de mostrar seu talento. O bom produtor tem que ter visão global do processo, equanimidade, honestidade e conhecimentos de psicologia e diplomacia. Mesmo tendo todas essas características, quem vai aparecer na imprensa são os atores, o diretor e o roteirista. Nenhum jornalista se interessa pelo produtor no lançamento de um filme. O produtor só dá entrevistas quando o assunto é específico sobre o mercado cinematográfico, o custo do filme, as dificuldades da produção, ou quando ninguém da equipe comparece. Se o filme é um sucesso, normalmente os louros vão para o diretor ou para o ator. O público em geral não se lembra da figura que está por trás de tudo. Isso realmente não me incomoda, pois já está resolvido na minha cabeça, principalmente se a obra fica boa. Só me sinto mal quando o filme fica fraco e, ainda por cima, ganho muito pouco. Isso me frustra.

Quem quer ser produtor tem que gostar muito da profissão e ser muito obstinado para aguentar a pressão do trabalho, que vai certamente ocorrer. O bom produtor nasce com alma de produtor, do mesmo modo que nascem os artistas e os médicos. Não adianta alguém querer ser produtor se não leva jeito para isso. Como eu já trabalhei com dezenas de produtores, assistentes e estagiários, nos primeiros dias já tenho noção se a pessoa quer aquela função mesmo e se tem condições para ela. Muitos depois me confessam:

– Eu, na realidade, quero ser diretor, mas estou pegando o que aparecer para entrar no mercado.

Aí já complica, porque é certo que a pessoa não vai seguir na carreira de produtor. O pior é quando o assistente confessa somente no meio do filme:

– Eu fiz um curso de teatro e quero ser ator, mas estou fazendo qualquer atividade para entrar no mundo do cinema.

Existem alguns poucos casos em que a pessoa acha que quer direção ou montagem e, de repente, se revela um grande produtor durante o processo.

A virtude do lado psicólogo do produtor é saber ouvir e atender as pessoas. Todo mundo parece ser legal quando o tempo de contato pessoal é curto. Os verdadeiros chatos se revelam aos poucos, em uma filmagem que pode durar de um a dois meses e envolver um grupo de até cem pessoas. Os mimados, os chatos e os neuróticos vão acabar aparecendo. É preciso conviver com eles por muito tempo, até 24 horas por dia, quando é o caso de hospedagem em hotéis durante as viagens. Vocês vão fazer todas as refeições juntas, vão andar de *van* ou ônibus como se fosse uma excursão constante, com a diferença de que você não vai estar descendo para ver monumentos e lugares maravilhosos, mas descendo em uma vila para filmar com chuva, ou indo para a beira do mar com um vento doido, ou caindo no meio da multidão para tentar fazer seu trabalho no caos urbano, com o sol ardendo sobre a cabeça.

Os que mais incomodam são as velhas laranjinhas podres que contaminam toda a cesta de frutas. As moscas aparecem logo depois. A laranjinha acorda sempre de mau humor, o que deve ser o seu normal sozinha dentro de casa, sem que ninguém a veja. No grupo, esse mau humor, muitas vezes associado ao mau-caratismo, é levado ao *set* de filmagem, e a laranjinha podre decide que naquele dia vai fazer alguém de bobo, gerando *bullying* no *set*. Possivelmente, escolherá a pessoa que considera a mais fraca do grupo, ou a mais inexperiente. Quando ela esgota o leque dos fracos, já tendo feito muita gente chorar, parte para os profissionais mais experientes. E aí vem chumbo grosso. Talvez escolha alguém que esteja, por alguma razão pessoal, fragilizado emocionalmente. Um choque maior pode acontecer, porque o mais experiente, mesmo enfraquecido, vai responder de alguma maneira. E tudo isso vai minando o *set*.

Os mimados de outros estados começam a ficar com saudade dos companheiros, dos pais, dos filhos, dos animais de estimação, e ficam chatos e carentes. Eu sempre digo que os primeiros quinze dias são administráveis; depois disso, ninguém mais esconde seu real ser. Se o sujeito for incomodar realmente o entorno, em duas semanas começa a dar sinais de fumaça emocional. O produtor tem que estar atento a essas ondas de conflito e interferir, ouvindo as queixas dos mais carentes, as fofocas da equipe sobre o que está acontecendo, além de dar uma diplomática acalmada nos mais cruéis.

Outra complicação: os drogados, que chegam chapados na filmagem, ou que chegam acelerados em excesso, ou que bebem no *set*. Eu sempre detestei que façam uso de drogas e bebidas no *set*, por não ser nem um pouco profissional, contaminar o ambiente e tumultuar as relações. A questão é que, atualmente, algumas pessoas trabalham o tempo todo ao sabor da *cannabis* para se inspirar. Acho o maior problema, principalmente se a filmagem for para campanha política. Como a maconha ainda é ilegal no Brasil, imagine o prato cheio para o adversário se a polícia pega alguém da equipe fumando maconha, ou até mesmo cheirando cocaína, o que é de última. No outro dia, vai estar no jornal: "Equipe do candidato Joãozinho da Várzea, do partido Tal, é pega se drogando durante a filmagem do candidato". Vai perder muitos pontos.

A produtora tem que ser a paramédica nos casos de doença no *set*. Começa com uma dor de cabeça. Quando um tem dor de cabeça, vários têm. O consumo de analgésicos no *set* é imenso. Há os que vão ficar gripados e contaminar outros vários. Há a tensão pré-menstrual, a tensão pré-lua cheia, as melancolias nos dias de folga, os choros, a tensão dos jogos de futebol ouvidos nos fones enquanto a filmagem está rolando. Se a produtora é histérica, como acontece muito frequentemente, o *set* tende a ser muito tenso, explosivo até. Existem *sets* em que o diretor grita entre as cenas, a produtora grita no escritório e a equipe fica totalmente agitada nesse meio de campo. Tento, cada vez mais, fazer com que os *sets* que eu produzo sejam muito tranquilos. Cultuo o respeito nas relações interpessoais, convidando quase sempre profissionais cujo astral já conheço e sei que harmonizam o *set*. Mesmo que esteja trabalhando do escritório, sei que as filmagens estão fluindo bem, com a equipe satisfeita. Se não for assim, não vale a pena. Já é muito difícil toda a questão financeira no cinema, logo, a produção não pode ser um estresse constante.

9. É bom usar algumas flores em seu cabelo

No meio de um grande ensandecimento administrativo e burocrático, eu estava com uma viagem marcada com uma amiga para conhecer os confins da Califórnia. Essa minha amiga, morando há muito tempo nos EUA, conhece profundamente os lugares de ponta para um turismo de aventura e de diversão total. Passei em Nova Iorque para botar as compras em dia, ou seja, comprar roupa quente e profissional para futuras aventuras no Himalaia e adquirir um equipamento novo de vídeo e áudio, pois o meu tem mais de dez anos de uso. Também fiz aula de meditação com meu querido mestre mineiro-nova-iorquino e aula de Ashtanga com outro maravilhoso professor, que construiu um templo dentro de seu diminuto estúdio, que, às 6h30 da manhã, já está cheio. Gostaria de ter ficado mais dias, porque amo essa cidade, mas era hora de começarmos nossa jornada para o Oeste norte-americano.

Como da Califórnia eu só conhecia Los Angeles e Palm Springs – que são lindas, mas muito óbvias –, era a hora de tentar entender por que a Califórnia foi tão importante nos anos 1960 e 1970. Peguei um voo metido a pós-moderno (nada mais medieval do que a classe econômica), com luzes internas puxando para o roxo. A tela, nas costas da poltrona da frente, tinha o cardápio para solicitar a refeição, com várias opções boas, como húmus, queijos, vinhos, que você escolhe, passa o cartão e depois os comissários trazem quentinho. Não precisa falar com ninguém. É tudo automático. Gostei.

Nossa imersão começou por Berkeley, lugar muito famoso quando eu era jovem. Na época do povoamento dessa região, eu e minha amiga, como forasteiras, poderíamos ter chegado cavalgando com os índios, ou como imigrantes em charretes para construir moradias. Nesse momento, em Berkeley, tínhamos amigos nos esperando em uma casa bem quentinha, aonde chegamos com um carrão alugado. Além da linda universidade, sede de tantos movimentos estudantis, Berkeley é um lugar feito para mim, porque a cidade respira comida orgânica, aulas de ioga e centro alternativos por todos os seus poros. Como é bom ver gente bonita e bem cuidada nas ruas!

Na cidade, fiz aula de Aerial Fabrics, que, no Brasil, se chama Tecidos e consiste em se agarrar em panos presos ao teto, semelhantes aos dos dançarinos dos circos contemporâneos. Eu até me considero bem tonificada muscularmente, com minhas caminhadas e ioga, mas tentei fazer os movimentos mais básicos do exercício e não consegui mover meus braços no dia posterior. Foi muito forte. Tentei fazer aula de ioga em um conhecido estúdio na vizinha São Francisco, depois de gastar uma fortuna de táxi porque era muito cedo para pegar o metrô em Berkeley. Encontrei a escola em uma zona de empresas e descobri que estava fechada porque era o primeiro dia de lua cheia ou nova, não me lembro bem. A Ashtanga não acontece no primeiro dia dessas duas luas. Acabei me entupindo em uma cafeteria tradicional, pois estava muito frio, e eu, frustrada e com fome.

São Francisco é demais! Não cheguei a botar flores na minha cabeça, mas foi quase. Muita arte, tudo muito lindo, uma mini Nova Iorque. Acabei sentada no MOMA de lá, vendo uma experiência incrível do artista Christian Marclay chamada *The Clock*. O cara, possivelmente com uma grande equipe de pesquisadores, revirou o cinema mundial de todos os tempos e escolheu trechos de filmes que mostravam relógios ou falavam sobre o tempo. Ele montou um filme ininterrupto de 24 horas de tal forma que, quando são, por exemplo, oito horas e dez minutos em tempo real, aparece na tela um ou mais filmes com relógios que registram essa hora específica. Quando não há um relógio correspondente àquele momento, alguns filmes seguem com trechos muito interessantes que falam sobre horário, atrasos, tempo. É fantástico o resultado. Tem fila de uma hora para entrar no museu, mas, quando você senta na poltrona (e fica lá quanto tempo quiser), é o máximo. Aos sábados, é possível ficar as 24 horas dentro do *The Clock*. Passei pela Zootrope, em seu prédio verde pouco convencional, caminhei na escadaria que sobe para o Telegraph Hill, com sua linda vegetação, fui conhecer a Golden Gate, caminhei por todo o porto. Me diverti.

Na Califórnia, não consegui manter a dieta vegana de NY. Estava comendo queijo e tomando vinho, aproveitando a vizinhança do Napa Valley, onde há vinhos muito bons. São diferentes dos vinhos franceses, mas têm bom desempenho e são baratos na região. Também estava comendo os doces que encontrava pelo caminho. Como tem porcaria gostosa para se comer nesse país! Essa abundância contribui para o alto índice de obesidade.

De lá, fomos no nosso carrão Maverick até o Parque Nacional de Yosemite para fazer montanhismo (os brasileiros acham mais *cool* dizer *hiking*). A entrada do parque já dá uma noção da maravilha que ele é. As cascatas e as árvores me pareceram muito familiares, porque a vida toda vi filmes nesses lugares, com guardas florestais e corridas de carro pelas montanhas e precipícios. Apesar do grande número de turistas e carros andando rápido em estradas muito sinuosas, não vimos nenhum acidente. Fizemos um *brunch* no hotel mais chique do parque na chegada, botando pra quebrar, pois estávamos famintas. Acabamos indo dormir em nosso inspirador hotel de madeira em estilo vitoriano, todo branquinho, com banheiros tão limpos que seria possível comer dentro deles. Não é permitido deixar malas nos carros, pois, à noite, os espertos ursos da região pulam no capô, forçam a abertura das portas e pegam a comida que encontrarem lá dentro.

Não apareceu nenhum urso para nós, nem mesmo em nossa corajosa e solitária subida de três horas e meia em meio às sequoias e aos pinheiros, apenas com montanhas nevadas ao longe, separadas por cataratas. A maior delícia para os olhos é o Mirror Lake, que reflete os picos das montanhas em toda a sua circunferência, transformando esse lugar em um pequeno reduto zen. É um povo legal que vai até o parque, disposto a se divertir. Ninguém incomoda ninguém, não tem som amplificado e o respeito ecológico é grande. Uma vez, fui a um concerto erudito em um bosque imenso em Massachusetts, ao ar livre, onde havia crianças, velhos, cadeiras de praia, comida e bebida. Quando começou o espetáculo, ninguém mais se mexeu e as crianças ficaram brincando sem barulho. Consegue imaginar essa situação no Brasil?

DEPOIS DESSE PRIMEIRO BANHO de natureza que a Califórnia nos proporcionou, resolvemos descer de carro até Los Angeles, onde eu pegaria meu avião de volta, passando pela famosa região do Big Sur. Cruzamos o estado em direção a Santa Cruz, onde dormimos numa prainha bonita com um antigo parque de diversões que fica junto ao mar. Passamos pela velha Monterey, famosa pelo seu festival de música. Todas as praias eram lindas, mas muito frias. Entramos em Carmel, com suas casas lindíssimas, lojas e vida noturna. Acabamos optando por dormir num motel de estrada na região de Julia Pfeiffer, parando numa loja de artesanato e coisas maravilhosas, comendo bem.

Tudo é bonito na região. O banheiro, com lindas pedras aquecidas, ficava ao lado de uma cafeteria toda de madeira, com lareira, vinhos bons, em suma, tudo que o ser humano precisa para ser feliz numa viagem. Praias lindas para todos os lados, uma delas com a fonte desaguando no mar numa cascata, trilhas para caminhadas no mato e nas montanhas. É muita natureza, com mar e montanha muito próximos, convivendo pacificamente, estradas bem sinalizadas, com paisagens estupendas a cada curva. O motel não tinha televisão, eletrônico que não utilizo nem mesmo em viagens como essa, mas tinha dois tapetinhos de ioga. A atendente nos perguntou:

– Querem participar da hora do fogo?

– O que é isso?

– À tardinha, temos uma pequena cerimônia para os deuses.

Pensei: "Quais serão os deuses mais frequentes aqui? Os dos apaches, possivelmente. Eu gosto de cerimônias e fogo". Então, perguntei para minha amiga:

– Vamos?

– *Yes*!

À tardinha, nos dirigimos para o local indicado, ao lado da administração, onde havia uma pequena lareira de mesa quadrada em meio aos bancos, com alguma imitação de carvão. O mais incrível é que o fogo vinha do gás e era meio azulado na base. Assim que cheguei, já fui dizendo:

– Mas que lareira *fake*! Achei que ia ter lenha, com essas milhares de árvores em volta.

– Ainda por cima está frio. Vamos ver o que rola.

Não apareceu nenhum funcionário para liderar a cerimônia do fogo. Era simplesmente o frio, o entardecer e aquele fogo azulado, que trazia certo calor. De repente, chegou um casal nova-iorquino jovem e muito bonito. Começamos a bater papo e posso dizer que foi tão agradável a conversa e a atmosfera do ambiente que até esquecemos o frio. Eu fiz internamente agradecimentos ao fogo e aos deuses por estar num lugar tão lindo naquele momento, cercada de pessoas queridas e legais, jogando conversa fora. Em viagem, preconceito não funciona. O que é legal para um viajante não é o mesmo para o outro. Por isso, sempre temos que experimentar as situações. Se ficássemos fechadas no nosso quarto de hotel, desdenhando o convite, não teríamos aquele ótimo momento. Esses pequenos detalhes, como uma mini lareira *fake*, que só depende de um dedo apertando o botão, pode fazer toda a diferença em um dia atribulado ou tedioso. Qualquer lugar que leve à reflexão e aos bons sentimentos vale a pena ser conhecido. Disto eu sinto falta no Brasil: a atenção aos pequenos detalhes. O Brasil, às vezes, é muito cru.

PARA COMPLETAR NOSSA SORTE e inspiração nesse momento, recebemos a confirmação de vaga para um famoso *spa* alternativo (famoso por abrigar pessoas que estão de bem com a vida) em nossos últimos momentos no Big Sur. Resolvemos dar de presente para nós mesmas essa benção. Só entra no *spa* quem é hóspede; não é possível entrar apenas para conhecê-lo. Lindos chalés de madeira, bem equipados, e comida toda orgânica. Mas o melhor do lugar são as oficinas. Consegui assistir a uma apresentação dos *kirtans* (cantos indianos) da turma que estava ensaiando há uma semana. Foi impressionante. Eles tocavam e se apresentavam como profissionais. Até achei que eram os profissionais que se apresentavam primeiro e que depois viriam os alunos, mas os cantores eram mesmo os alunos. Havia uma mulher bonita cantando e, quando o espetáculo terminou, eu disse para ela:

– Larga tudo e vai ser cantora.

Também eram oferecidas oficinas de relaxamento, de ioga e de artes. Uma que achei engraçada era de reestabelecimento da energia sexual do casamento, que os casais faziam juntos. Consegui me inscrever na oficina de dança africana logo cedo pela manhã. A professora, uma loira gordinha maravilhosa, foi muito inspiradora. Dancei por uma hora e meia ao embalo do *kora*, uma harpa africana de 21 cordas que tem um som divino, até ficar suada e exausta. Peguei todas as referências de músicos e dançarinos dessa técnica, para ver se consigo segui-la no Brasil. Sempre tenho esperança de achar tempo para as coisas interessantes, mas o trabalho de executiva desaba sobre mim. Se eu negligencio alguns dias, achando que sou livre, pago o preço na volta. Saí para a parte externa do prédio, composta por vários conjuntos, com muito sol na grama que dá para a montanha e para o mar. Num sentido, estava o sol nascente, no outro, o poente. Muita roupa colorida e brilhante.

O melhor do lugar foram os banhos em piscinas de água quente, seguidos de massagens incríveis em salas de vidro com o mar batendo embaixo, nas pedras. Fiquei fascinada pelo lugar. Nas banheiras de pedra e nas cadeiras de descanso, todo mundo fica pelado, ninguém dá bola para ninguém. Senhoras de 90 anos desfilando sua flacidez como se estivessem na passarela da semana da moda. Muito civilizado.

Mas *the dream is over again*. Temos que ir para Los Angeles pegar o avião, sem deixar de passar e estourar a mala na lojinha do *spa*. Parte das minhas compras já tinha ficado no meio do caminho, pois os alimentos que eu havia despachado voltaram da transportadora. "Qual será minha próxima viagem?" Sempre penso nisso quando me aproximo do aeroporto. Se eu não tivesse família, poderia ficar de andarilha pelo mundo, direto de um lugar para outro. Meu ideal de vida seria viver três meses no Brasil, três na Índia, três na Europa e três em Nova Iorque, de preferência em *spas* zen. Mas quem tem família para sustentar – e eu gosto de sustentar bem a minha e mimar outro pouco – tem que ralar bastante. Estou voltando pra casa.

10. Uma ideia na cabeça, um monte de problemas na mão

Existem muitas histórias boas de *set*. Os nortistas, nordestinos e cariocas quase morrem de frio nas temperaturas externas do inverno do sul. Um dia, chegou ao meu escritório um conhecido profissional da antiga e disse:

— Seu motorista roubou meu casaco de inverno forrado de lã que eu trouxe há muito tempo dos Estados Unidos.

— Impossível. Esse motorista trabalha há anos conosco e é de total confiança.

— Só pode ter sido ele. Deixei no carro dele um dia que cheguei ao *set* e, na saída, tinha desaparecido. Estou passando frio.

— O senhor tem certeza que não deixou em nenhum outro lugar?

— Eu só venho do hotel pra filmagem, ida e volta. Não vou com o pessoal para o bar nem nada. Só ando naquele carro, então só pode ter sido o motorista. Ele diz que sempre fecha o carro e que é impossível alguém ter pego.

— Eu vou dar uma procurada no *set*. De qualquer maneira, nós vamos até uma loja comprar um casacão bem quente para o senhor não passar frio.

— Eu não quero outro sobretudo. Quero o meu! A senhora não entende que tem todo um valor afetivo?

– Entendo, mas o pior é o senhor passar frio. Quem sabe o senhor aceita emprestado um casaco do meu marido enquanto resolvemos isso?

– Não. Vou me virar com meus suéteres quentes e minha capa de chuva até a senhora resolver.

– Ok, vou conversar com todo o pessoal.

Santo apego, Batman! Por três dias ele ficou falando para a equipe que tinha sido roubado, gerou o maior climão, e tive que mandar o motorista para outra produção, o que o deixou muito sentido. Pouco depois, eu estava no *set* resolvendo um vazamento de água nos banheiros coletivos e falei com a faxineira que estava passando:

– Tu não sabe onde pode estar esse casaco que desapareceu?

– Não esquenta, Dona Lu. Esse véio quer é fazer bolo. Eu, quando recolho roupa, não sei se é dos atores ou da equipe, então levo tudo lá pro figurino. Se deixou jogado, tem que estar lá.

Fui no depósito do figurino, onde tinha uma arara com dezenas de casacos. Fui olhando um por um, e lá estava, penduradinho, o famoso casaco norte-americano, já puído e sem graça, com o colarinho ensebado. A embalagem plástica de terno por cima tornava difícil diferenciá-lo dos outros. O casaco uruguaio que eu tinha visto na loja dava de dez em aparência naquele urso velho.

O apego é uma característica das mais fortes no ser humano. Na Índia, a prática do desapego é uma das primeiras necessidades a ser trabalhada para tentar purificar o ser humano. Apego a carros, a bichos de estimação, a filhos, pais e mães, a emprego, *status* e, principalmente, ao dinheiro. Os indianos também consideram o apego à vida um dos maiores problemas da humanidade. Eles declaram que o medo da morte é o mote principal que desencadeia todos os outros medos, atingindo pobres e ricos, intelectuais e cidadãos sem estudo. Ninguém quer morrer, nem mesmo bem velhos.

UMA ATRIZ FAMOSA DE MEIA IDADE que contratamos chegou ao cabeleireiro da produção e testou uma peruca, que ficou perfeita nela e no personagem, deixando tudo resolvido para a filmagem do dia seguinte. De noite, quando eu ia dormir, recebo uma ligação dizendo que a atriz não queria mais aquela peruca, pois não era atriz de uma peruca somente. Ela queria umas quinze perucas para testar às sete da manhã, quando iria para o *set*. Tivemos que procurar perucas na madrugada para conseguir estar com dez perucas parecidas com a que ela tinha experimentado. No final, ela escolheu a mesma peruca do início da confusão.

Se você contrata atrizes famosas com cabelos longos e cacheados, pode gastar até uma hora e meia para fazer cachos "naturais" numa cabeça. Num filme, eu tinha, ao mesmo tempo, duas atrizes com esses cabelos que exigem atenção o tempo todo e uma cabeleireira apenas. As filmagens sempre atrasavam por causa dos cabelos. Cada hora gasta em cinema é muito cara.

Existem casos que o produtor não consegue resolver, principalmente se não tiver rios de dinheiro. Um diretor famoso que gravava uma série TV que eu estava produzindo resolveu que queria tirar os vidros temperados de um também famoso teatro da minha cidade. Seu plano de filmagem exigia imagens de uma época em que não havia vidro temperado nas varandas. A diretora do teatro ficou uma arara e disse que levou anos para conseguir colocar os vidros na varanda, ganhando um espaço que protege o público da chuva e do vento. A emissora de TV também não queria mais gastar para a retirada e reposição dos vidros e, principalmente, para restaurar qualquer estrago na arquitetura secular das janelas. O diretor ficou brabo e disse a seguinte frase, que nunca esqueci:

– A grandiosidade de um diretor depende das condições que a produção dá para ele.

Concordo em parte, mas fiquei bem chateada de não conseguir agradá-lo na época, pois é um diretor que respeito.

Cenas de entrada na água no inverno são sempre confusão para o produtor. Não recomendo para ninguém marcar esse tipo de cena num lago, num rio ou no mar aqui no sul. Ou o ator vai se recusar a entrar, mesmo sendo alguém acostumado com o frio, ou vai solicitar conhaque e se jogar na água um pouco bêbado, o que pode comprometer a atuação. Os atores também podem aprontar muito no quesito que denomino "sem saída". Depois que você já filmou algumas cenas com eles, seria uma fortuna dispensá-los e refilmar. Então, o produtor é sempre refém da boa vontade dos atores.

Muitos profissionais também acabam namorando no *set*, pois são muitos dias juntos e muitos ficam carentes sexualmente. Acontecem novos namoros, casamentos que acabam, e, às vezes, os próprios banheiros do *set* são usados como motéis-relâmpago. Quando eu fico sabendo de algum caso assim (que costuma se espalhar facilmente), sinto que o sexo rápido se assemelha muito à excreção. É vital.

11. Comida pura

Eu vi que era realmente vegetariana quando entrei correndo num voo que estava quase decolando em um *transfer* em Dubai e me serviram um pedaço de filé *mignon*. Eu estava há umas dez horas sem comer direito, vinda do sul da Índia, morrendo de fome, e pensei: "Azar, vou comer um pedaço dessa carne, pois o cheiro do tempero está convidativo". Botei o pedaço na boca. Ele foi para um lado, foi para outro, e acabei cuspindo no guardanapo e comendo o pão puro. Senti o gosto de podre da carne disfarçado pelo calor e pelo tempero forte. Ali, vi que carne não entra mais neste corpo. Talvez se eu estiver morrendo de fome nos polos e só tiver carne de foca.

Ser vegetariano no Brasil significa muitas vezes comer arroz branco com alface, batata com tomate, aipim, rúcula e água. Você se acostuma a comer mal em eventos e agrupamentos, quando não dá tempo de fazer seu próprio lanche e levar junto. Você aprende a comer em casa antes de coquetéis e festas. Se por acaso o evento tem comida boa e vegetariana, você acaba comendo em excesso. Nos aviões ocidentais, pedir um prato vegetariano significa comer mal na maioria das vezes na classe econômica. Vai ser um arroz integral duro e seco com algum grão. Se tiver *tofu* já é uma festa. A salada vai ser sem graça, e a fruta vai ser abacaxi e laranja ácida. O mamão normalmente dá pra comer.

Os vegetarianos como eu sofrem muito no *set*. Se você está contratando a equipe de cozinha, consegue, às vezes, mesmo que de má vontade, que ela faça diariamente arroz integral. Pedir que não coloquem porco no feijão já complica, assim como sanduíches sem presunto, quiche sem *bacon*, empadinha sem frango. Por exemplo, se você não acompanha de perto, pede algo sem carne e as cozinheiras respondem:

– Legal, então vamos fazer peixe.

Como se peixe fosse um arbusto! Aí, você tem que ficar respondendo às intermináveis perguntas:

– Mas por que tu não come carne? As razões são de saúde ou de preservação dos animais?

As duas razões e mais cem outras, minhas queridas cozinheiras. Muitas delas estão gordas e sofrendo com problemas cardíacos enquanto me fazem essa singela pergunta.

Durante uma filmagem no interior do estado, a querida família da diretora hospedou a mim e a parte da equipe. O pai dela fez um churrasco para o grupo, e eu não tive tempo de dizer que era vegetariana. Naquela época, eu ainda ficava com vergonha de dizer e explicar os motivos. Eu estava nadando na piscina da casa, de uma margem para outra, quando chego à escadinha para sair e encontro o pai da diretora com um garfo com um pedação de picanha sanguinolenta, que ele largou dentro da minha boca. Não tive como reagir a tempo. Assim que ele virou de costas, eu cuspi a carne para o cachorro, que adorou. Depois, na mesa, ele me serviu um novo pedaço, que eu cortei em vários pedacinhos, espalhei no prato e fui jogando aos poucos para o cachorro, que agora me seguia por todos os lugares. Na minha época de roqueira, os jantares para a banda no interior do estado podiam ser uma tragédia. Quando era a famosa *a la minuta*, eu ficava no arroz branco, alface e tomate e me entupia de batata frita.

12. Aprofundando o ioga

Projetos encaminhados, alguns negócios fechados, contas em dia, é hora de cuidar da minha mente, do meu corpo e do meu espírito. Para onde vou? Para um centro de saúde alternativa na cidade de Encantada, que fica na região de Garopaba, em Santa Catarina. Descobri que ia acontecer um intensivo de Ashtanga Vinyasa Ioga, meu estilo preferido.

Houve um iogue muito autêntico e famoso, o Krishnamachiaria, que morreu aos 100 anos fazendo posturas, pai de Desicachar e professor de Pattabhi Jois e Yengar. O Pattabhi desenvolveu durante toda a vida o Ashtanga, que considero o ioga mais completo. É puxado, os *asanas* são fortes, entremeados pelos *flows*, que são pulos com respiração para frente e para trás. Existem normas de conduta a serem respeitadas para a purificação do aluno. Tudo funciona muito bem se o aluno seguir os passos direitinho. Quem começa a fazer Ashtanga e gosta, corre o risco de ficar viciado e apegado, de tão bom que é.

Tem gente que acusa o Ashtanga (na realidade, a escrita é *astanga*) de ser muito militarizado devido às posturas, que são sempre as mesmas e seguem a mesma sequência. A graça do método é justamente conseguir aprimorar a realização dessa sequência, fazendo cada vez mais perfeito. A qualquer parte do mundo que você chegar, as pessoas vão estar fazendo exatamente a mesma sequência, e você pode entrar e acompanhar qualquer grupo estrangeiro. Em uma escola que eu frequentava em Paris quando morei lá, metade dos alunos era francesa, e a outra metade era de muitos países diferentes. O mesmo acontece em Nova Iorque, Chicago, Toronto, Rio, São Paulo, Porto Alegre etc. O Ashtanga tem aulas guiadas e o famoso Mysore Style, em que cada um faz a sequência completa por si mesmo, de acordo com seu ritmo. O aluno tem que memorizar a sequência e o professor vai só ajustando cada um.

Em Santa Catarina, esse intensivo de ioga foi de seis dias de aulas práticas às sete da manhã, seguidas de café vegetariano às 9h, aula de sânscrito às 11h (todo os conceitos do ioga – posturas, contagens e cantos – são em sânscrito) e almoço às 13h. À tarde, perguntas e respostas, aulas de respiração, aprofundamento das posturas práticas, jantar e vídeos sobre Ashtanga; uma maratona da técnica que os alunos adoram. O bom do lugar é que ficamos em chalés de madeira com redes na varanda, no meio do mato, com muitas plantas ornamentais ao lado das nativas. Tem cachoeira, piscinas naturais para o verão, templo, salas de atividade bem equipadas, todas de madeira, e grandes janelas com vista para a montanha. Na parte de cima do morro dá pra ver o mar. Tem um bom centro de massagens *ayurvédicas* dentro do próprio terreno, com massagem de corpo (*abhiyanga*), óleo pingando na testa (*shirodhara*) e sauna indiana (a cabeça fica de fora, enquanto o corpo sua numa caixa cheia de vapor). Dessa vez, estava muito frio, até nevou nos morros, era julho e eu levei pouca roupa. A umidade era atroz para uma friorenta como eu. Mesmo assim, foi ótimo.

Fiz todos os procedimentos, todas as aulas, mas descobri que minha ânsia ao entardecer não enfraquece com nada, nem com ioga. Depois das três da tarde, só pensava em comida, todo o tempo. Eu sofria quando tinha que fazer atividades lá pelas sete da noite, que é o horário em que eu tenho que comer (pelo menos esse era o aviso insuportável que se acendia na minha cabeça). Pareço uma loba acuada. Só nascendo de novo. Mas sei que ainda tenho tempo de me ajeitar. Não é fácil. Eu sinto uma insatisfação que não me deixa fazer nada. Eu queria escrever, e, por isso, levei o computador. Não levei livros para não dispersar, mas não conseguia ter força de vontade suficiente para sentar à mesa e ligar o computador. Cada um com seus problemas. Não sei se foram as dificuldades da minha infância, questões genéticas ou *karma* de outras vidas que me levaram a esses sintomas cotidianos. Eu só consigo ficar satisfeita depois de encher a barriga de pães e doces. Só não sou gorda porque não tenho tendência. Uma terapeuta me disse que todo esse quadro de ansiedade alimentar vem apenas do vício causado pelo glúten do trigo. Ele que é o grande vilão.

De qualquer maneira, essa minha vinda para o centro de ioga foi muito enriquecedora. Me proporcionou contatos com pessoas bem especiais, professora muito profissional, comida ótima, e o melhor: consegui, apesar de todo o meu desespero alimentício, emagrecer dois quilos. Tive, como sempre, que passar fome para diminuir de peso. Sempre na minha gangorra: dois a mais, dois a menos. Eterno efeito sanfona, que normalmente não passa muito disso. Usei o templo para rezar sozinha, com muito frio. Fiz compras.

Quase não consegui ir para esse centro porque caí na rua na semana anterior, deslizando no limo durante minha caminhada. Tinha que fazer exercícios muito fortes com os braços, mas cheguei com um deles destruído. Usei todas as técnicas conhecidas para curar o braço, e a cada dia fui melhorando. Usei óleos, massagens, Reiki, gelo. Consegui fazer as aulas sacrificando algumas posturas.

ESTOU TOTALMENTE EM DÚVIDA se vou até o Tibete no mês de setembro com um grupo de quatro pessoas para subir o Monte Kailash, uma aventura nas alturas com muito pouco oxigênio. Tem gente que acha que estou louca por pensar em subir tão alto, outros pensam que não vou aguentar a falta de ar e os rigores da caminhada. Comprei uma roupa especial em Nova Iorque, leve, mas que aguenta baixíssimas temperaturas. Minha câmera de vídeo também é leve, com microfone e muitas baterias. Precisava achar um patrocinador, porque a viagem é muito cara. Um dos membros da equipe, que é um repórter gonzo, já foi uma vez até lá e diz que não tem mistério. Dúvida!

13. Rock na caranga

Meu passado como produtora e integrante de uma banda de *punk rock* durante muitos anos renderia um livro só dele. Essa semana, eu estava escrevendo alguns tópicos para não esquecer, afinal, o Alzheimer e os AVCs estão sempre rondando. Espero que não seja o meu caso, mas acho que vale a pena fazer algumas anotações.

Quando você tem uma banda no Brasil, está sempre viajando, de *van* ou micro-ônibus, e, às vezes, quando o *show* é nacional, de avião. Um dos episódios mais cômicos (que poderia ter sido trágico) dessa longa trajetória aconteceu quando a banda e mais três técnicos foram para Chapecó, no estado vizinho de Santa Catarina. Era um avião para umas doze pessoas, com piloto e copiloto. Deveria ser uma viagem de 40 minutos. Quando ela já durava pelo menos uma hora, olhei para a cabine de comando, que era aberta, e vi o copiloto, totalmente perdido, mostrando para o piloto um mapa de papel. Lá fora, só nuvens, chuva e turbulência. Nesse momento, em que a situação já era tensa, comecei a sentir um cheiro horroroso de algo químico dentro da pequena aeronave. Uma parte da banda, que já tinha entrado no voo bêbada e/ou chapada, estava dormindo. Os que estavam acordados riam e cochichavam. Vi que o cheiro só podia vir da nossa turma.

Pouco depois, a confirmação: a técnica de luz estava no banheiro, doida, cheirando cola de sapateiro, sem a mínima noção do problema que estava causando. O casal que repartia o voo conosco me olhou, apavorado. Como eu estava na função de produtora, devia ser, para eles, a única pessoa com alguma lucidez naquele momento. Bati com força na porta do banheiro, que estava destrancada, e arranquei aquela criatura alucinada, enfiando a cola dentro da sua mochila para depois colocá-la no lixo do aeroporto. Os pilotos estavam tão atrapalhados que não perceberam a situação. Eles não conseguiram descer em Chapecó, que é uma região montanhosa, onde vários acidentes graves já aconteceram. Descemos, aos solavancos, em Criciúma e tivemos que voltar de ônibus para a cidade onde aconteceria o *show*. Alguns catadores de lixo devem ter se alucinado com a cola.

Em outro *show*, no interior do Rio Grande do Sul, o ônibus fretado parou muitas vezes na estrada para os cervejeiros fazerem xixi. Era uma noite fria e muito escura. Numa dessas paradas, os cervejeiros desceram, voltando, pouco depois, mais leves e aliviados. O ônibus seguiu, e, como sempre acontecia, não houve contagem do grupo. Resultado: o técnico de luz foi deixado na beira da estrada, totalmente no escuro, e andamos vários quilômetros em frente até que alguém – procurando por seda – percebeu que ele não estava sentando no seu banco. Acontece que esse técnico estava em um momento *dark* delirante, vestindo um sobretudo gigante, todo remendado, e com o cabelo raspado em um corte pseudomoicano dilacerantemente assustador. Se alguma pessoa sem nenhuma noção da estética *punk* cruzasse com ele, ou correria muito ou, se armada, mandaria uma bala naquele penteado. Mas o ônibus voltou, e encontramos o técnico encostado numa árvore, totalmente furioso. Deixou de ser nosso iluminador logo depois.

Outro bom causo do interior gaúcho foi o *show* na feira de champanhe. Quando chegamos para o *show*, éramos a atração do dia. Todas as vinícolas resolveram nos fazer um brinde. Fomos passando de estande em estande, pois todos diziam que seu espumante era o melhor. Consequentemente, o estado em que fizemos o *show* foi incomparável. Eu só consigo lembrar de alguns *flashes*. O público achou um delírio, mas alguns estavam com cara de apavorados. No teclado, lembro que resolvi fazer todo o *show* com o cabelo na frente do rosto, enquanto gritava as letras. O inusitado era que ninguém da banda nunca vomitava. Todo o álcool sempre ficava dentro dos corpos, para não haver desperdício.

Em São Paulo, onde o movimento *punk* também era forte, os problemas eram *hardcore* total. Fizemos um *show* com duas outras bandas em Embu. Uma banda paulista menos conhecida tocou primeiro, depois veio a nossa banda e, depois, o Cólera, que era um grupo muito conhecido entre os *punks* paulistas. O vocalista da primeira banda acabou ficando com a namorada de um dos líderes de uma gangue local. Deu o relógio dele para ela, junto com alguns beijos. Sem saber desse caso romântico, terminamos nosso *show* e fomos para o ônibus coletivo, onde já estavam os integrantes da banda de abertura. Sentamos nas poltronas para descansar e, de repente, todo o vidro da frente do ônibus foi estilhaçado por um garrafão cheio de vinho, que passou ao lado da orelha do motorista, sentado ao volante.

O ônibus começou a ser apedrejado em todas as vidraças, pois a gangue queria que o beijoqueiro descesse. Como produtora, gritei para todo o nosso grupo ir para baixo das poltronas. Nesse meio-tempo, entendemos parte da história que estava rolando. Ficamos sabendo que o beijoqueiro já tinha fugido do local em um táxi. A massa não conseguia ouvir nossas explicações, tal era o estado ensandecido da turba, que agora sacudia o ônibus. Nós estávamos apavorados. Embaixo da poltrona, lembrei dos estudos de Freud sobre a psicologia das massas, e soube que a situação dos encolerizados só podia piorar. Tinha que aparecer um líder apaziguador, um santo, alguma salvação. Como a situação não melhorava, o motorista ligou o ônibus e foi dirigindo por cima da massa, que saiu do caminho, mas continuou seguindo e apedrejando o ônibus. Acabamos em frente à delegacia de Embu, com o delegado segurando uma espingarda em frente ao prédio. Devia estar rezando para que a gangue não aparecesse. Fomos levados, escoltados, até a estrada, mas só nos sentimos seguros em São Paulo. A banda estava silenciosa, o que era raro.

Em Americana, foi a vez do namorado de uma amiga ficar de papo com a mulher de um dos diretores do clube onde aconteceria o *show*. Nesses lugares, não havia alvará de segurança, insalubridade ou prevenção de incêndio. A banda estava toda em um só camarim, que parecia mais um buraco. Tínhamos que abaixar a cabeça para entrar. Não havia banheiro nem porta de saída. De um momento pro outro, vários seguranças invadiram o camarim, tomando conta de todo o espaço, atrás do rapaz que supostamente estava dando em cima de uma das primeiras-damas daquele muquifo. O barraco estava formado, pois eles pegaram o rapaz em meio ao maior empurra-empurra, com gritos desesperados da sua namorada para que largassem os braços dele. Levaram-no para fora do clube e o encheram de porrada. Parecia coisa da máfia. Ele jurava que não tinha dado em cima de mulher nenhuma. Em meio à maior tremedeira, me convenci que não se dá em cima de mulher de paulista, principalmente do interior.

De modo geral, não é possível se relacionar mais carinhosamente com pessoas casadas ou comprometidas sem causar a maior incomodação. Uma conhecida apanhou de mulheres em Santa Catarina enquanto fazia xixi no matinho próximo a uma festa na praia. Teve uma costela quebrada e foi acusada de dar em cima de um homem casado que ela não tinha a menor noção de quem era.

AO MESMO TEMPO EM QUE TÍNHAMOS a banda, que começava a ganhar uma grana razoável para a dureza da época, resolvemos virar empresários da noite. Não sabíamos, é claro, que artistas festeiros não devem nunca ser empresários da noite. Abrimos um bar chamado Vórtex, mesmo nome do nosso selo musical, numa casa do bairro Rio Branco, na cidade de Porto Alegre. Inovamos, pois tínhamos um estúdio de som para ensaios, com transmissão simultânea da banda que ensaiava para vários monitores espalhados pelo bar. A pessoa bebia, comia e, ao mesmo tempo, parecia estar em um pequeno *show*. Também gravávamos algumas bandas e gerávamos fitas para *home video* (as famosas VHS), vendidas em locadoras de vídeo e na própria lojinha do bar. Na época, não havia Youtube nem possibilidade de baixar filmes pela internet. Não sabíamos de nenhum outro bar no mundo com esse tipo de projeto.

O início foi um sucesso absoluto, com o bar sempre cheio, bandas pedindo para ensaiar, lojinha vendendo produtos da nossa banda, Os Replicantes, e de outras bandas. Acontece que a banda toda gostava de beber as cervejas e o conhaque do próprio bar. Surgiu a mesma insustentável situação do traficante que também consome. Apenas anotávamos num caderninho o consumo, que nunca era pago. Nesse mesmo caderninho, começaram a figurar amigos que penduravam suas biritas. Qualquer cristão ou muçulmano sabe que vender fiado é roubada, da Índia à Galileia. Chegamos a ter 70 pessoas devendo. Foi ficando inviável. Fechamos o bar e perdemos algum dinheiro, mas foi melhor para todos, porque, além de estar aumentando muito o consumo de álcool do grupo, alguns fatos fugiam do nosso controle, como, por exemplo, duas meninas menores de idade que fugiram de casa e tentaram se esconder lá. Uma outra menina ficou tão bêbada e entorpecida que entalou no armário do banheiro e teve que ser retirada a força. Quando a Brigada Militar entrou atrás das menores, para mim, foi a gota d'água. Não sei como o bar não pegou fogo, de tanta energia e agito. A casa acabou sendo demolida e, hoje, é um estacionamento.

NO FINAL DOS ANOS 1980, para mim, a banda estava ficando complicada, porque minha carreira de produtora executiva de cinema e TV estava indo muito bem. Era impossível trabalhar de madrugada nos finais de semana e, nas segundas, seguir dentro da normalidade de um trabalho que exigia toda a minha energia. Comecei a perder a paciência com a banda. Uma vez, deixei parte dos músicos da banda em Santa Catarina e voltei com o ônibus para Porto Alegre porque alguns deles estavam tão bêbados que se negavam a entrar no ônibus, sendo que eu ainda tinha compromisso na minha cidade naquela mesma noite. Tudo se embolava, mas eu seguia, porque a energia dos fãs nos *shows* era boa demais, e cada vez eu fazia mais *backing vocal*, o que eu adorava. Acontece que *show* até a meia-noite é uma energia legal. *Show* às três da manhã é absolutamente cruel para quem trabalha no outro dia.

No meio disso tudo, uma pequena trouxinha começou a se formar na minha barriga, e eu percebi que estava grávida. Os *shows* foram ficando mais difíceis. Mesmo assim, dancei e cantei até o oitavo mês, quando gravei um clipe e saí de licença-maternidade da banda, obviamente, sem nenhuma remuneração pelas minhas atividades autônomas. Nasceu minha primeira filha, cujo pai era o vocalista da banda, em meio à gravação de um importante disco. A foto de capa do disco *Androides sonham com guitarras elétricas* é o bebê em meio aos instrumentos.

EU JÁ ESTAVA COM UM PÉ NA RUA e outro dentro da banda quando nós, o casal *punk* (nesse caso, mais *hippie* que *punk*), fomos com o nosso bebê de nove meses para a praia da Guarda do Embaú sem alugar casa ou reservar hotel com antecedência. Levamos tudo que o nenê precisava: comida integral, roupas lindas, cestinho. Quando chegamos à praia, todas as casas estavam alugadas, pois era fevereiro e véspera de carnaval. As pousadas também estavam todas cheias. Conseguimos, procurando muito, uma casa de tijolos na rua principal, propriedade de moradores locais que se mudaram para uma casinha de madeira nos fundos, como faz boa parte dos pescadores das praias catarinenses. Acontece que a casa era insalubre quando analisada mais profundamente. Um dia, arrumando a louça no armário, achei restos de comida atrás dos pratos. Coloquei o bebê no quarto que pertencia à avó, pois o julguei o melhor lugar. Montamos um balancinho na cozinha. O bebê se divertia e comia comida integral que eu mesma preparava. Como uma grande atração da praia, que estava cheia de amigos gaúchos, o nenê passava de colo em colo.

Por alguma razão que nossa percepção de pais inexperientes e festeiros não detectou, a menina foi atacada por uma bactéria que causou uma síndrome absurda, levando à queda de toda a sua pele, incluindo a interna, como céu da boca e mucosas. Ficamos dez dias num hospital de Porto Alegre. Só conseguia trocar sua fralda segurando pelo cóccix e pelo occipital. O soro era injetado pela testa. Quase morremos de tristeza, pois, quando olhávamos para o bebê, a sensação era de que ele estava morrendo. Gastamos uma fortuna com antibióticos estrangeiros e médicos oportunistas, que me fizeram vender até o meu teclado Korg M1. Isso que tínhamos plano de saúde. O soro entupia, a criança não dormia e chorava. Eu já estava há três noites sem dormir e começando a enlouquecer. Minha cunhada, que é médica, veio de São Paulo, sentiu a situação, me tirou por uma hora do hospital, me levou em um boteco e me deu um desses copinhos pequenos de cachaça. Foi um tranco absurdo. Voltei para o hospital, novamente com a mente e os órgãos dos sentidos ativados. Peguei no sono assim que me joguei na cama do acompanhante. O legal foi que, nesse episódio complexo, meu marido finalmente despertou para sua paternidade.

Estudando as possíveis razões da enfermidade com a junta de médicos familiares e hospitalares que se formou, lembramos da cama em que o bebê dormiu na casa do pescador, que era da avó. Na praia, num dia em que fui colocar o lixo na cesta, que era de uso comum entre a casa da frente e a de trás, vislumbrei a avó, que se escondia na janela, e vi que ela era coberta de feridas na pele. A menina tinha nove meses, e eu dava para ela muito arroz e feijão, o que possivelmente estava causando sua diarreia constante (e, quem sabe, queda da imunidade). Outro fato é que não se empresta bebês para os amigos na praia ficarem passando de colo em colo. Ou aconteceu apenas que a menina e nós, pais, tivemos o famoso azar que os indianos chamariam de *bad karma*, possivelmente por estarmos fazendo tantos *shows* alucinantes.

Em suma, era hora de eu sair da banda e criar essa criança direito, pois só amor e beijinhos não bastavam. Seu nascimento já tinha sido um pouco traumático, porque eu não deixava a menina sair da barriga, mesmo depois de completar as 40 semanas de gravidez. O tempo correto do parto passou, veio uma febre e a cesárea teve que ser feita às pressas. O bebê não ficou comigo nas primeiras horas; levou uma injeção e foi colocado numa incubadora neonatal, pois tinha feito cocô no líquido amniótico.

Largar a banda doeu nos primeiros meses, porque o embalo dos *shows* é um vício, mas ganhei muito em qualidade de vida, me alimentando melhor, me detonando menos e me dedicando ao ioga em aulas práticas e estudos. Mas, como ninguém é de ferro, a tensão extrema do hospital fez com que eu voltasse a fumar, hábito que eu tinha largado há dez anos. E voltei com tudo, fumando um maço de Carlton vermelho por dia, por três anos, até que, ao me sentir estranha fazendo ioga, percebi que estava entrando no terceiro mês de uma nova gravidez, o que me fez parar definitivamente com o cigarro. Vamos fazer o *show* de 30 anos de banda, com a formação completa. Estou me divertindo e emagrecendo para não parecer uma senhora *punk* no palco. Mas, por sorte, ainda tenho muita disposição para cantar e dançar, pois, assim como Obelix, devo ter caído em algum pote de energia quando era pequena.

14. Trocando de cordilheira

Acabamos não indo para o Kailash, no Himalaia, apesar de eu estar com o equipamento de gravação e a roupa apropriada. Meu sobrinho ficou doente e o pai dele, que lideraria a expedição, tinha que ficar com ele. A agência que nos conduziria pela montanha não me dava as respostas que eu precisava receber, sobre os cuidados e agruras da subida. O gasto seria muito alto para viajar confortavelmente e eu não estava totalmente pronta para a aventura. Deixei para o próximo ano, apesar de ter treinado muitas subidas nos morros da minha cidade. Dividi o que iria gastar no Tibete em duas outras atividades: uma ida para o deserto do Atacama, no Chile, com meu marido, lugar que eu estava há muito tempo namorando, e um retiro de ioga com um professor italiano em São Paulo.

O Chile é um país incrível. Olhando no mapa, é apenas uma faixa no Pacífico, mas, ao mesmo tempo, tem montanhas nevadas, praias, cidades boas, com povo hospitaleiro, e o divino deserto do Atacama. O céu é absolutamente inspirador, cheio de estrelas. Um astrônomo nos mostrou alguns planetas e estrelas com um telescópio meia-boca, nada espetacular, mas depois pegou uma caneta a *laser* e mostrou a constelação que forma Escorpião e Sagitário, e eu consegui ver a olho nu as imagens desenhadas no céu escuro.

Subindo os Andes, a quatro mil metros de altura, é possível ver cores surpreendentes na água, nas montanhas e no solo das planícies.

Para qualquer lugar que se olhe, há uma paisagem estonteante, onde tudo é fotografável. A cidade de São Pedro do Atacama tem todo tipo de acomodações, para todos os bolsos. Dá pra escolher entre pousadas rústicas e um hotel pós-moderno, confortavelmente funcional, com cavalos, piscinas, gastronomia *gourmet*, passeios organizados e o excelente vinho *carménère* do país. Os bares no centro são cheios de jovens que fazem aventuras de dia e farra à noite. Entre os melhores pontos, estão os gêiseres, que não deu tempo de conhecer, e as águas termais de Puritama, que foram muito estimulantes. Fui com meu marido, que levou câmera fotográfica e filmadora. Fizemos imagens incríveis e gravamos um clipe no Vale da Lua, da música *Astronauta*, d'Os Replicantes, em uma nova versão da letra que ele compôs na década de 1980.

O que eu mais gostei foi perder o olhar em paisagens sem fim, sentir que há muitos anos todos que sobem lá têm as mesmas visões que eu estava tendo, de uma natureza ainda muito pouco alterada pela degradação humana. Toda vez que vejo muita natureza transbordando, fico imaginando o que vai acontecer no local com o derretimento das geleiras, cada vez mais próximo. O quanto essa maravilhosa paisagem vai ser transformada quando meus netos chegarem aqui? Quando era tomada por esses pensamentos sombrios sobre a catástrofe ecológica eminente, voltava meu olhar para as estrelas no céu, aos milhares, formando nuvens cósmicas cintilantes, visão ao vivo que só tive nessa região. Penso que só vai sobrar o espaço e seus muitos lugares intocados pelo homem. Nosso desenvolvimento espacial é ainda tão precário, tão longe de atingir a velocidade da luz! Se não gastassem tanto em material bélico e em estragos provenientes do uso desse material, teríamos podido canalizar muito mais esforços para a "verdadeira corrida espacial".

Eu sou tão conectada à natureza que sofro muito quando botam abaixo um mato fechado para construir mais um condomínio burguês de mau gosto – favelas chiques –, quando entopem e acidificam o oceano com lixo, quando vejo a destruição total do ar e da água devido ao crescimento desenfreado da população mundial, que gosta de carros e bens supérfluos. Atualmente, acompanho inundações, vendavais e extremos climáticos com muito pesar, mas acho que não vou estar viva para ver o pior do clima. Quando as condições de sobrevivência começarem a degringolar pra valer, só vão sobrar as estrelas e os planetas como válvula de escape. A água potável já está faltando em vários lugares da Terra, mas a possibilidade de comunidades viverem no cosmos é muito remota, com esse atraso tecnológico de governantes cegos para as condições do planeta, pensando só em seus bolsinhos e vidinhas. Para mim, seria bem mais interessante fazer parte de uma expedição de habitação da lua, onde tudo já é cinza, do que assistir à mortandade dos coloridos peixes de nossos oceanos. Não se pode nem mais entrar em muitos rios. É horrível acompanhar a escassez da comida saudável e a devastação das florestas. Tudo é muito duro para mim. Por outro lado, é divino caminhar em praias desertas, onde nenhum especulador imobiliário esperto decidiu criar um hotel para três mil pessoas.

Não encontramos lixo em lugar nenhum no deserto do Atacama. Os chilenos estão atentos para a ecologia. O pessoal que faz trilhas e montanhismo está bem consciente da importância da preservação. No hotel, ganhamos uma garrafinha de metal, e é essa garrafinha que vamos enchendo de água mineral nas dependências do próprio hotel e nos pontos turísticos onde os hóspedes são atendidos. Não comprei, em nenhum momento, garrafas PET. Eles também fornecem frutas secas e nozes para levarmos nos passeios, em saquinhos de papel reciclado, evitando que fiquemos comprando nas tendas comida processada cheia de conservantes, em embalagens plásticas coloridas.

COMO NÃO FUI PARA O HIMALAIA me aprofundar ainda mais no mundo zen, resolvi me dedicar com afinco ao ioga, mais especificamente ao Ashtanga, para compensar de alguma forma o que deixei de ganhar física e espiritualmente com a viagem tibetana. Um famoso mestre veio dar uma oficina de dez dias em Campinas, na fazenda de um famoso empresário brasileiro. A fazenda foi escolhida porque é administrada por um dos filhos do empresário, que faz ioga junto com a esposa. Um grupo de 40 brasileiros e alguns latino-americanos participaram da oficina. Foram alguns dos melhores dias da minha vida, apesar do quarto repartido com uma querida colega. Prefiro sempre ficar em quarto individual, pois gosto de meditar ou tirar uma sonequinha quando estou com sono. Por sorte, quando estou realmente com sono, durmo até com luz nos olhos e barulho.

DORMIR NA BEIRA DA PRAIA sempre resulta em experiências inesquecíveis. Namorar dentro de uma barraca perto do mar é o melhor afrodisíaco. Espero que o leitor tenha passado por essa experiência. Se não, ainda é tempo. Talvez você ainda consiga passar uma noite nas raras praias desertas brasileiras, ou, quem sabe, em praias indianas, antes da polícia chegar e lhe expulsar. Mesmo assim, vale o risco da explicação:

– Não pode? Eu não sabia que aqui não podia acampar, meu senhor. Não estamos fazendo mal a ninguém. Não estamos sujando a praia. Estamos, inclusive, adubando o mato ao nosso redor.

Ou qualquer outro argumento que convença a chamada autoridade a não lhe arrancar de seu pequeno pedaço de paraíso.

Dormir em avião, para mim, é como se esparramar numa cama *superking*. Na classe executiva é muito fácil dormir, ela foi feita pra isso, mas eu consigo dormir na econômica também. Já aconteceu muitas vezes de eu dormir quando o avião está decolando e acordar quando ele está pousando nos Estados Unidos ou na Europa. Sem pílula nem floral. Meu marido é testemunha dessa minha facilidade e sempre fica de cara comigo. Talvez seja a vibração do motor do avião que cria essa sensação sonífera para mim. Eu posso acordar com a minha sofrível coluna destruída, com meu pescoço sequelado, com meus pés inchados, mas durmo o tempo todo. Só tenho que cuidar para não exagerar no café preto na tarde da viagem, porque, com café, fico muito ligada. Nos voos, fico muitas vezes sem o jantar e sem o café da manhã. Quando a viagem é para a Europa, pulo apenas uma refeição. Quando a viagem é para o Oriente, vale tudo, pois oito horas de fuso já bagunça meu metabolismo e meu reloginho interno.

Até em hospital eu durmo fácil. Nas minhas quatro cirurgias, nunca tive problemas de sono. Também me sinto em casa em hospitais (mas sempre louca para voltar com saúde para a casa de verdade). Acho que não existe criatura que goste de ficar em hospital, só se não lhe resta mais nada na vida. Fui cuidar da minha avó no hospital quando ela fez uma cirurgia nos olhos e precisou pernoitar. Eu deveria ficar de olho nela. Dormi tanto na caminha auxiliar que ela acabou levantando da sua cama e me cobrindo, pois eu estava toda encolhida.

Consegui dormir tranquilamente num transatlântico durante uma tempestade horrível, com o vento provocando ondas que batiam no sexto andar do navio. Meu marido não saía do banheiro, nossas filhas mais velhas dormiam e a menor abria os olhos durante os sacolejos mais fortes, dava uma olhadinha na situação e voltava a dormir. Eu percebi que a menor estava totalmente consciente do perigo. Essa tempestade fez com que as pessoas se agarrassem em qualquer coluna ou ferro dentro do navio, vomitando e chorando. Estávamos na altura do estado do Espírito Santo. Nosso camareiro sumiu; foi para a sua cama e ficou grudado no colete salva-vidas até a situação se acalmar. Os monitores que mostravam imagens do mar não funcionavam, o satélite perdeu nosso sinal. Depois de alguns dias, uma pessoa morreu a bordo e tivemos que atracar para ela ser retirada. Não tinha nada a ver com a tempestade, ou talvez ela tenha tido um ataque do coração naquela noite e isso tenha sido revelado a bordo. Apesar de tudo, a comida estava excelente e engordei dois quilos no cruzeiro.

O problema é quando estou num trabalho intenso e estressante na minha cidade. Aí, posso perder o sono às três da manhã e ficar por algumas horas afastada do meu mundinho de conforto zen.

Também me senti em casa na excursão com minhas colegas adolescentes do colégio para o Rio de Janeiro. Dormíamos todas juntas em um quarto coletivo repleto de beliches. Éramos umas vinte meninas. A bagunça era total. Eu dormia na parte de cima do alto beliche. Era uma das corajosas que não tinham medo de cair lá de cima.

Eu nunca tinha dormido em beliche e achei muito boa a experiência, mesmo que às vezes fosse sacudida pela companheira de baixo.

Sempre me senti confortável nessas situações de dormitórios coletivos. Mais recentemente, fiquei em Massachusetts, fazendo um curso de ioga com um mestre indiano muito importante, e o quarto coletivo tinha quatro beliches, com oito colegas dormindo no mesmo espaço. Foi muito divertido. As normas eram rígidas: às dez horas da noite, todo mundo na cama, sem conversar e sem ouvir música. Se alguém tivesse que ir no banheiro coletivo à noite, tinha que levar lanterna para não ligar a luz do quarto. Se roncasse à noite, tinha que avisar na recepção e passar para o quarto dos que roncavam. Eu ficava imaginando esse quarto dos roncadores, com todos urrando ao mesmo tempo. Se um deles perdesse o sono, não tinha a menor chance de dormir novamente ao lado de vários indivíduos com problemas idênticos ao seu.

Fiz rápidos contatos com as colegas durante o dia. Foi muito estimulante. Algumas choravam de saudade do marido, dos filhos, dos animais de estimação. Eu nunca fui de sentir saudade, só quando fico mais de um mês fora. Mas minhas viagens são sempre curtas. Normalmente, fico quinze dias, no máximo, fora de casa. Não é bom deixar as meninas muito sozinhas, e o marido fica muito carente.

A FAZENDA EM CAMPINAS tinha cavalos (não posso mais cavalgar por causa da minha complicada coluna), piscinas aquecidas e a sauna úmida mais perfeita que já fiz, pois, além de aquecer muito rápido, tinha uma parede de vidro por onde o sol entrava. Havia lago, *stand up paddle*, *jet ski*, boliche, sala de jogos, sala *fitness* com mega-aparelhos. O que tinha de mais perfeito: comida vegetariana *gourmet* da melhor qualidade, praticamente nada com açúcar (não havia sobremesas) e nada de álcool. Fiz massagens indianas praticamente todos os dias, com três profissionais de altíssimo nível. Foi como me internar num *spa* com tudo a que se tem direito, reunindo o melhor do Ocidente e o melhor do Oriente.

As aulas de ioga começavam às 6h45 da manhã, porão longo de dez dias, e eram puxadíssimas. O mais incrível é que, com uma alimentação perfeita, cada dia eu me sentia mais cheia de energia. Eu fazia posturas sem medo, algumas que jamais tinha feito antes. À tarde, tinha conversa com perguntas e alguns exercícios explicativos. À noite, tinha filme sobre ioga, alimentação, bate-papo, sempre acabando com uma meditação coletiva. Foi fantástico, uma benção dos deuses para mim. Emagreci dois quilos, fiquei mais bonita, me sentindo em paz comigo mesma e com minha família lá no sul. Não fiquei pirando que meu trabalho estava atrasando, pois deixei tudo bem adiantado. Um mestre uma vez me disse:

– Fique feliz com o que você conseguiu fazer em cada dia, que já é muito, e não se preocupe com o que não deu tempo de fazer.

Essa ideia foi se espalhando dentro de mim e, hoje, consigo não ficar encanada com os *e-mails* não respondidos e com os projetos a serem um pouco protelados. Já fui *workaholic*, mas hoje não sou mais. É muito sofrimento. Quando minhas três filhas nasceram, não parei de trabalhar um dia sequer, nem dentro do hospital, pois estava sempre no meio de alguma produção e achava que dava para conciliar as tarefas do nascimento com as exigências do trabalho. Acho incrível mulheres que têm quatro meses de licença-maternidade. Eu, como empresária autônoma, não tive condições de parar. No primeiro parto, meu leite secou no segundo mês. Na segunda amamentação, ainda durou três meses. Logo após o primeiro parto (todos cesarianas), a freira do meu andar disse:

– Como a senhora tem amigos! Seu ramal telefônico está sempre ocupado.

Ela não desconfiou que eram minhas assistentes de produção ligando o tempo todo para esclarecer problemas das equipes de filmagem.

Parte dos meus problemas de coluna (hipercifose, escoliose, três desalinhamentos vertebrais) veio de carregar o moisés (bercinho móvel) todos os dias no trajeto casa-escritório. Minha coluna avariada faz com que eu tenha muita dificuldade para fazer posturas até bem simples de ioga, porque ela não cede. Também estou com problemas no joelho esquerdo devido a um menisco semidestruído, que faz com que ele não suba mais quando está dobrado em direção à virilha. Isso já me atrapalhou muito nas caminhadas e, principalmente, nos *asanas*. Sei que, se eu for num especialista, ele vai dizer:

– Menisco: cirurgia.

Eu não vou estar com vontade de passar pelo procedimento, nem na faca nem na laparoscopia, pois teria que ficar um tempo de molho, sem praticar nenhuma atividade física. Tenho certeza que isso vai me deprimir e engordar, por isso, vou empurrando (com o joelho, e não com a barriga). Devido a essas limitações estruturais, desenvolvi posturas alternativas no ioga que substituem as originais. O professor italiano ficava me olhando com uma cara de "não estou entendendo o que você está tentando fazer" e me dizia:

– *Che cosa fai*, Luli?

Eu respondia rindo.

Na fazenda, conheci colegas muito legais, alguns bem radicais na comida crua, alguns radicais na prática. Muita gente bonita, corpos sarados, mas também alguns bem fora da casinha, tentando achar seu lugar no mundo e usando sabiamente o ioga como caminho. A questão é que o Ashtanga é tão bom que, mesmo sequelados, temos vontade de seguir fazendo, pois ele dá muito conhecimento sobre nosso corpo, nossa mente e nosso espírito. É uma meditação em movimento, e sempre queremos ir adiante. Ele nos foca, nos centra e nos faz ficar contentes. O problema maior é que alguns ficam muito fissurados pela técnica, fazendo com que ela pareça uma droga boa que não se quer largar. Como alguns nascem geneticamente com corpo de ginasta e acrobatas e outros nascem com pouquíssima flexibilidade, acontece de muita gente passar do limite e se quebrar feio. E a velha lei do *karma* indiano é implacável: se você usar o ioga como vaidade, para ser o bonito, a gostosa, a poderosa, vai chegar o dia em que você vai se quebrar.

O IOGA COMO FILOSOFIA DE VIDA ensina que devemos estar sempre voltados para o nosso benefício e, ao mesmo tempo, para o benefício dos outros. Se ficarmos numa viagem individualista e narcisista, nada vai acontecer. Você tem que fazer com que a energia gerada pela prática seja espalhada para o bem do seu povo e da sua família. Tem que exercer a compaixão. Não adianta falar contra a violência da sociedade e comer no almoço a carne de uma galinha que foi jogada viva na água quente para ser depenada. Crueldade e ioga não se bicam. Não adianta fazer ioga e depois dar em cima da mulher do colega, tentar roubar ideias de projetos no escritório, mentir para o chefe ou para o marido. Não adianta fazer *pranayamas*, abrindo os pulmões e os canais energéticos, e depois fumar cigarro ou um monte de maconha, ficar entoando mantras e ser promíscuo, fazer ioga e depois tomar um porre de vinho (esta última foi pra mim mesma)... Não estou dizendo que todos que fazem ioga têm que ser santinhos, mas têm que tentar chegar lá. Pelo menos tentar se aprimorar como ser humano, tornando-se uma pessoa melhor, mais sutil, mais suave na vida cotidiana.

SAINDO DA FAZENDA EM CAMPINAS, passei na praia catarinense onde veraneio, olhando uma nesguinha de mar que me sobrou depois que as gananciosas empreiteiras cobriram mais esse paraíso com edifícios horrendos. Uma das piores caras do progresso é a construção desenfreada de prédios. A mais nociva de todas é botar abaixo casas maravilhosas, onde viveram famílias muito felizes. Os caras estão empilhando tanta gente nesses apartamentos catarinenses que não vai sobrar nenhuma praia não poluída nesse estado que é um dos mais lindos do Brasil no quesito mar. Os arquitetos querem ser um pouquinho chiques, mas não conseguem. Botam uma piscininha coletiva, um míni salão de festas, churrasqueira na sacada, e o iludido comprador se sente em Beverly Hills. São as famosas "sacadas *gourmet*". Nelas, os caras assam umas linguiças podres, acompanhadas de cerveja fedorenta, e se acham os reis da gastronomia. Tudo bem, cada um no seu andar, assando seu embutido, sangue quente pingando no carvão, para deleite dos morcegos. Só não precisava ser em edifícios na frente da minha sacada, que não é *gourmet*, mas de onde, às vezes, com muita sorte, dava para ver golfinhos logo depois da rebentação.

15. Reagrupando

Aconteceu o *show* de 30 anos d'Os Replicantes. A banda, com alguns integrantes novos e outros antigos, nunca parou de fazer *shows* nesses 30 anos. Dessa vez, deu pra juntar os velhos integrantes com os mais novos, e o *show* foi muito intenso. Havia fãs jovens, que nunca tinham visto a formação completa, e fãs da antiga, que estavam com muita saudade. Foi uma combinação de idades muito louca de ver do palco. Tinha muita gente "pogueando", gritando as letras, se escabelando. Teve até um cadeirante que foi erguido e passou por cima da cabeça das pessoas em sua cadeira durante a música *Surfista Calhorda*. Foi rapidamente apelidado de Surfista Cadeirante. O *show* teve mais de 40 músicas, de todas as fases.

Os amigos que mais se detonaram na adolescência são os que mais estão tendo problemas depois dos 50 anos. Está aparecendo muita hepatite C, muita confusão com fígado, rins e intestinos. A saúde é implacável. Praticamente não houve consumo de álcool pela banda durante o *show*, apesar de eu ter levado alguns absintos de verdade (70% de álcool) para brindar. Não tivemos tempo pra consumir, tal a velocidade da coisa toda. Foi energia além do esperado. Levamos uma semana para nos recuperar física e mentalmente.

Apareceram dezenas de fotos nas redes, mensagens, pedidos de novos *shows*. Os fãs e alguns que nos viram pela primeira vez realmente curtiram. Os que não foram, se arrependeram. O *punk rock* ainda está muito vivo no Rio Grande do Sul, nosso estado. Eu sempre tive a sensação de que nossos fãs, que eram muitos e fiéis, depois casavam, pegavam trabalhos desestimulantes e acabavam no pagode ou no *funk*. O que deu pra ver nesse *show* é que, independentemente da condição atual do público, ele foi muito marcado por nossas músicas e letras. Nossas filhas, nossos genros, cunhados e sobrinhos foram ao *show* e ficaram muito emocionados. É legal a família estar presente.

EU GOSTO QUE NOSSAS FILHAS tenham namorados e relações mais estáveis. As duas filhas que estão na universidade federal me contam histórias surpreendentes das festas atuais, que são muito loucas, o que é compreensível. Apesar dos protestos que têm acontecido pelo país, existe um enfraquecimento do pensamento político. Os estudantes acham que os partidos políticos não os representam mais, que não há partido que mereça ter sua bandeira empunhada nas ruas. Alguns manifestantes estavam revoltados com a presidenta, que é de esquerda, já foi torturada e é muito atuante. Como a política já não seduz, o jovem tem duas saídas para se manifestar: o futebol e o sexo. O futebol e, principalmente, a rivalidade entre os dois principais clubes do meu estado são motivos de discussão ao vivo e pelas redes sociais. Já nas festas de faculdade, reina o mais absoluto clima de sexo em grupo, a três ou mais, com muita bebida e algumas drogas. É *cool* ser bissexual. Os estudantes gostam de falar sobre sua homossexualidade, praticam a bissexualidade e fazem questão de mostrar e dizer que tudo é possível.

Num acantonamento universitário da minha filha, um colega tentou entrar no *sleeping bag* de casal de uma amiga dela e do namorado. Minha filha achou que o colega queria transar com os dois. E havia muita gente em volta, dentro de seus colchões. A menina acabou fazendo o colega se retirar, muito a contragosto. Esse tipo de rejeição faz com que você não seja considerado descolado, não seja dos mais *hipsters*. Minha sobrinha teve que começar a levar o namorado nas festas da faculdade para não ser tão assediada pelas duplas de "pegação" que se formam. Numa discussão sobre sexo, um colega defendeu a ideia de que todos deveriam transar com todos, inclusive com a família direta, ou seja, pais, mães e irmãos. Minha filha não engoliu essa parte de envolver sexo e família. Essa atitude de liberação total me lembrou o livro de ficção-científica *Amor sem limites*, de Robert Heinlein, em que é normal o sexo dentro da família num futuro distante. Esses convites *threesome* ou homo não são exclusivos da juventude brasileira. Uma amiga ligou para a afilhada, que estava na Califórnia, antes de viajar para participar de sua festa de formatura. Minha amiga disse:

– Seu namorado vai estar na cerimônia? Gostaria muito de conhecê-lo.

– Tia, você também vai conhecer minha namorada. Nós somos um trio.

Minha amiga respondeu, meio sem jeito:

– Ok, quero conhecer ela também.

Na minha adolescência, ainda tivemos resquícios da liberação sexual *hippie* dos anos 1970. Eu tive uma experiência pessoal com dois maridos por algum tempo, mas, obviamente, não durou muito. Também tivemos uma casa de muitos cômodos, em que muita gente passava, dormia, se drogava, transava. Também era onde nossa banda ensaiava. Pessoas vinham passar uma semana e acabavam ficando seis meses, quando eram convidadas a cair fora. A casa tinha dois cachorros que circulavam, deixando tudo com cheiro de bicho.

EM UM DOS ÚLTIMOS MOMENTOS antes de abandonarmos essa comunidade *hippie-punk-rajneesh* (e mais: *krishnas* moravam ao lado e havia uma sinagoga no prédio de trás), descobrimos que o cheiro estava ruim demais para ser só dos cachorros. Depois de desocuparmos um vão embaixo de uma escada, onde ficavam nossas malas, descobrimos uma ratazana imensa que deu à luz uns oito ratinhos. Quando a enxergamos, ela estava amamentando os filhotes, e nos olhou com um olhar raivoso que, ao mesmo tempo, dizia:

– Tenham dó da minha situação em meio a tantas boquinhas.

Eu, que sempre me acho forte para enfrentar paradas duras, fugi para o meu quarto, que era no terceiro piso, e disse para meu marido:

– Resolve.

Exerci nesse momento toda a minha condição de mulherzinha, principalmente porque rato é o bicho que mais me enoja e dá medo, muito mais que cobra ou jacaré. Como ele também não tinha coragem de fazer nada, contratou um papeleiro que passava na rua para dar um fim nos ratos. Foi uma carnificina pra todo lado. A rata, eles mataram a paulada, e os ratinhos foram afogados. Eu botei os fones para não ouvir. Mesmo assim, foi grande meu sentimento de culpa.

A SITUAÇÃO DA CASA estava ficando fora de controle. Decidimos dar um fim naquilo tudo. Eu e meu marido atual conseguimos fechar a casa só para nós, nos recolhemos, passamos os ensaios para um estúdio e acabamos com os intermináveis jogos de futebol de botão regados a maconha, vinho e cerveja. Não foi fácil. Muitos nos acusavam de estarmos nos aburguesando, o que não deixava de ser verdade. Mas sabíamos que nossa saúde e nosso sistema nervoso não aguentariam aquele pique por muito mais tempo. Estávamos chegando aos 30 anos.

Depois de um tempo, resolvi – e, consequentemente, ele também – que queríamos ter filhos. Primeiro, pensava em apenas um. Acabaram vindo três bebês em cinco anos. Aí, parei de vez com a farra muito intensa. O nascimento das crianças fez com que eu entrasse nos eixos, meio aos trancos e barrancos nos primeiros anos, caminhando para uma vida muito mais saudável e tranquila. Agradeço a Deus por ter me dado essas crianças, pois, de outra forma, já poderia ter morrido de tanta festa. Apesar de sempre trabalhar muito eficientemente, à noite, festava muito, com diferentes turmas, em diferentes locais.

OUTRO MOMENTO HORRIPILANTE da época *punk* foi o dia em que acordei de bem com a vida, corri, tomei banho e resolvi fazer uma salada orgânica, bem colorida. Quando fui passar, carregando o prato, da cozinha para a copa, passou ao meu lado, vindo da garagem, um integrante de uma banda amiga segurando uma seringa ensanguentada que quase pingou dentro da minha salada. Nesse momento, entendi que tinha chegado a hora de tirar o que restava do time de campo e trocar de lugar.

Os laços estabelecidos são muito difíceis de quebrar. Também nunca sabemos exatamente para onde a vida vai nos levar. Eu sempre fui rebelde, muito rebelde, mas pensava. Por exemplo: eu poderia ter fugido de casa com 18 anos, pois a polícia já não iria atrás de mim; no entanto, não me parecia uma boa opção. Eu também tinha uma pequena herança do meu pai para receber, que a cada dia encolhia mais. Para recebê-la, ou eu esperava até ter 21 anos ou casava. Optei por casar, pois não aguentava ficar nem mais um mês na casa complicada onde eu morava. A situação estava intolerável. Minha mãe não dava minha emancipação, mas concordava em assinar o casamento. Acabei sendo obrigada a casar no civil e na igreja. O meu humor era o pior possível.

Apesar de meu primeiro marido ser muito querido e especial, éramos quase duas crianças quando casamos. Do dia para a noite, estávamos brincando de casinha num bom e pequeno apartamento que eu herdei. Nos divertimos muito, fizemos viagens pelo Brasil e pela Europa. Os amigos viviam nos visitando. Eu estudava Jornalismo na Federal e trabalhava desde o segundo semestre como jornalista em rádios e TVs. Fui repórter da Globo local, fazendo um pequeno sucesso na cidade. Achei que seria jornalista para sempre e faria reportagens pelo mundo todo, pois já queria sair para a estrada, principalmente depois de conhecer Paris e Londres.

Acontece que fiz uma cadeira de cinema na faculdade, o que começou a despertar meu interesse pela sétima arte, que fica bem longe do sétimo céu. Nesse mesmo período, um amigo pediu para filmar uma cena lá no nosso apartamento. Era o filme *Deu Pra Ti, Anos 70*, que foi um super*cult* da época, rodado em super-8. Fiquei no meu quarto ajudando no que era possível enquanto eles filmavam na sala. Quando eles foram embora com todas as suas tralhas, percebi que era exatamente aquilo que eu queria fazer: cinema. Não sabia se na função de atriz, diretora, roteirista ou produtora. Fiz de tudo no cinema: comecei como atriz, produtora, diretora de arte e o que mais aparecesse.

Junto com o cinema, começou o *rock*, mais especificamente a banda de *punk rock* Os Replicantes. No ambiente do cinema, conheci meu segundo marido, que está comigo há 37 anos. Fizemos muitas músicas, muitos filmes e três filhas. Uma existência bem cheia.

Então, meio de repente, eu larguei o trabalho de jornalista e abri minha própria empresa, em 1984, para fazer cinema, videoclipes, *shows*, instalações, arte. Desde então, não parei mais de fazer projetos. Me tornei, de fato, uma administradora de projetos. Todo mundo quer ser artista, mas poucos querem administrar um projeto. Já trabalhei milhares de horas sentada em frente a um computador preenchendo planilhas de cálculo, o que piorou minha coluna.

Acontece que meu santinho sempre foi muito forte. Não consigo ainda ver qual a verdadeira forma dele, mas sei que é muito poderoso. Ou podem ser vários santinhos diferentes. Às vezes, me sinto "A Feiticeira". Por exemplo, no tempo em que eu era repórter, fui entrevistar um iogue autêntico, um japonês que vive em Porto Alegre. Esse japonês, somado às músicas do Ravi Shankar, que veio tocar na minha cidade, me levou a estudar e a praticar o ioga, que, no meio de toda a loucura do *rock*, da televisão e do cinema, sempre esteve guardado num cantinho, com muita luz. Sutilmente, nas situações mais loucas da minha vida, essa luz dava suas piscadas, dizendo algo como:

– Ei, sua louca! Cai na real!

Muitos amigos, nessas estradas de cinema e música, ficaram presos ao álcool pesado e às drogas. Eu me meti em muitas ciladas, mas havia dias que chegava a minha vez de dizer:

– O que estou fazendo nessa roubada? Tenho que cair fora o mais rápido possível!

E conseguia força para sair de poderosos círculos viciosos, que vão nos sugando e vamos nos deixando levar. Saía um pouco sequelada, mas conseguia pular do barco furado. Eram aparentes zonas de conforto cotidianas, que não passam de hospícios instalados em abismos. Um dos meus estudos indianos me ensinou que, quando a situação é muito ruim e as pessoas com quem você se relaciona têm um mau *karma*, muitas vezes sem elas mesmas perceberem, só há uma coisa a fazer: afastar-se. Não adianta tentar resolver os problemas do mundo, principalmente com pessoas que ainda não estão evoluídas a ponto de conseguirmos transformá-las. Essas pessoas podem atrasar muito nossa própria história evolutiva. Então, é fundamental percebermos se o nosso potencial vai transformar uma situação ou se é a situação que vai nos levar aos poucos à ruína. É muito importante perceber essa diferença na vida. Quanto mais velha eu fico, mais eu percebo isso.

Teve momentos em que rompi com familiares, amigos, trabalhos, situações conflitantes. Romper não significa brigar, ao contrário, significa ir saindo, de preferência de mansinho, para não chocar. Se nos acomodamos num limbo, que, de saudável, às vezes não tem nada além da nossa própria indolência, nossa vida pode ficar muito pequena e vazia. Não dá para se arrepender do que você deixou de fazer quando for velho e não der mais tempo para nada. Vai virar apenas mais um velho amargo. Eu sofri todas as dores dos primeiros momentos das grandes transformações da minha vida, mas nada deixou de evoluir depois dos rompimentos.

A pior situação é a da codependência. Você está junto com um drogado, por exemplo, e acaba achando muito importante o seu papel de dar apoio àquela pessoa. Você passa a ser um cuidador de pessoas problemáticas. Em alguns casos, vai parecer que a vida lhe reservou aquela tarefa, principalmente se a pessoa for um amigo próximo ou se houver alguma situação de responsabilidade familiar.

Também acontece de alguns colegas de trabalho sugarem toda a nossa energia diariamente, e vamos nos acostumando com a situação, pois, às vezes, as pessoas mais nefastas são extremamente envolventes e carismáticas. Há pessoas que armam o tempo todo, e talvez por isso as novelas façam tanto sucesso quando mostram esse tipo de personagem, que é o vilão carismático, bem de vida.

A ÍNDIA DEFINE TUDO que estou retratando com a seguinte constatação: as pessoas têm medo. São situações de insegurança provindas do medo. Elas se metem ou se submetem a situações que não conseguem resolver pelo medo de sair delas e enfrentar o desconhecido. Medo de mudar radicalmente de profissão, de país, de amigos. Medo de ficar sem dinheiro, de perder o *status*, o respeito pela família. Mas, na Índia, diferentemente do Ocidente, eles fazem de tudo para preservar a família. Para eles, no Ocidente, as pessoas se separam muito facilmente e não tentam descobrir as razões das desavenças para tentar amenizá-las. O indiano acredita que um novo marido ou esposa sempre vai dar mais problemas, e a nova relação não vai conseguir segurar o *karma* ruim proveniente da dor de uma separação, principalmente para os filhos. Complicado.

16. Muitos lares e alguns acidentes

Atualmente, ou talvez durante toda a minha vida, sempre tive a impressão de que meu lar é onde estou. Por exemplo, quando ia em algum hotel chique, ou em alguma casa rica, mesmo quando pequena, eu pensava: "Se estou aqui neste momento, é porque eu também vivo aqui". Esse pensamento era reconfortante. Com centenas de cidades em minha bagagem ao longo de todos esses anos de estrada, me acostumei a me adaptar ao lugar em que estou.

Sempre tento ficar bem acomodada, tanto numa barraca quanto num hotel de luxo, mas, muitas vezes, é quase impossível ficar confortável em alguns lugares em que estou. Por exemplo, minha casa da praia sempre foi uma delícia durante o verão. No último veraneio, devido às temperaturas absurdamente quentes durante a noite, tínhamos a sensação de não haver ar suficiente. A casa fica a alguns metros da praia, e o mar sempre parecia entrar pela sacada com seu barulho e seu frescor. Daquela vez, não houve brisa vinda do mar durante o verão inteiro, e os mosquitos atacavam com luz acesa e ventilador ligado. Sempre vou para a praia para fugir do ar-condicionado, mas este ano minhas filhas pediram para eu colocar ar-condicionado em toda a casa da praia porque ninguém conseguia dormir. Triste. Pra completar, tenho rinite alérgica, e o veneno cada vez mais intenso dos aparelhinhos antimosquito me envenena junto com os insetos. Acordo com dor na testa, espirrando e com a garganta seca. É uma guerra noturna. Eu me enrolo até a cabeça no lençol para fugir dos mosquitos, que já picam pelo próprio tecido. Acordo desagradavelmente molhada de suor, com o calor do ambiente somado aos sintomas da menopausa. Em suma, todas as noites foram infernais, e eu acordava com o humor e a saúde abalados.

No meio das férias, fui trabalhar em São Paulo, e, apesar de toda a poluição, foi uma delícia dormir no décimo sétimo andar com a janela aberta, sem mosquito e sem calor. Dormia oito horas seguidas. Na praia, dormia, com sorte, de cinco a seis horas. Também tive que ir trabalhar em Paris por uma semana, num hotel naturalmente quentinho e seco, que me proporcionou bons sonhos e bom humor, mesmo com os três graus e a chuva que caía na rua.

Eu me adapto muito fácil aos hotéis, porque tenho gosto por eles. É muito bom ter um lugar pequeno só para si, em que você entra e sai quando quer, além de permitir, em momentos de preguiça total, o uso do serviço de quarto. Um bom suco de mamão com laranja e um queijo quente (torrada de queijo, como dizem os gaúchos) já são uma festa para mim quando a fome é grande. Também é bom ligar para a recepção e dizer:

– Me chama um táxi, por favor.

E, de repente, um carro materializa-se na frente do hotel, em meio à neve. Pequenos luxos da sociedade contemporânea.

QUANDO ACAMPAMOS NA SERRA GAÚCHA (faz uns quatro anos que não fazemos isso, pois nosso último acampamento familiar foi praticamente arrastado pelas águas e pelo barro), consigo me divertir muito ouvindo os sons da noite através da lona da barraca. Acontece que, nos meus últimos três espaçados acampamentos – um na beira do mar numa praia de Santa Catarina e dois na serra –, choveu muito. Principalmente nos da serra, que tem recebido tempestades ferozes. Em um deles, a nossa barraca resistiu bravamente. Estávamos – eu, ainda acordada, mais quatro crianças dormindo – bem acomodadas nos colchonetes, e a chuva batendo. Quando botei a mão para o lado tentando ver se as crianças estavam cobertas, senti que havia uma piscina rasa dentro da barraca. Já que elas estavam no seco, deixei as meninas dormirem como se tudo estivesse normal, enquanto ouvia os amigos se mudando para dentro dos carros, pois as barracas não tinham resistido e as piscinas eram muito mais fundas. O engraçado foi que, na montagem do acampamento, havia as barracas de fabricação gaúcha e as barracas importadas. As que resistiram melhor foram as locais (apesar de não serem totalmente impermeáveis).

No meio da chuva, pela manhã, os amigos resolveram assar a carne que tinham levado, e conseguiram fazer um churrasco em meio aos fortes pingos. Eu já não comia carne vermelha nessa época, mas ainda comia peixe. Nunca vou esquecer a cena. A carne não assou o suficiente e ficou muito malpassada. Quando eles botaram a carne sobre a mesinha branca do acampamento, que estava sob uma lona protetora, o sangue escorria pela mesa e pingava na areia do chão. Eu tinha posto umas comidas vegetarianas na mesa e feito um arranjinho com flores e uma vela que não tinha sido usada à noite por causa da chuva. Para quem olhasse de longe, parecia um banquete satânico.

No segundo grande acampamento da serra, estávamos em montanhas muito altas, e, por alguma razão desconhecida, a água formou canaletas no solo que passavam justamente sob as nossas barracas. A corrente foi tão violenta que trouxe muita terra junto, embarrando todas as nossas coisas. Consegui salvar um aparelho de DVD portátil das meninas na última hora, mas não todas as roupas e utensílios, que ficaram soterrados pelo barro. Pela manhã, nosso acampamento parecia o local de um massacre, mas, felizmente, sem vítimas. Como não parava de chover, pegamos tudo que estava embarrado e jogamos no porta-malas do carro, deixando para resolver o que faríamos quando chegássemos à cidade. Mas fomos recompensados: a chuva parou no caminho, e, quando chegamos perto do cânion do Itaimbezinho, resolvemos entrar no parque. O sol abriu e a visão foi divina, sem nuvens nem cerração pra atrapalhar. Esquecemos o barro e a noitada úmida.

PARA COMPLETAR O RELATO das aventuras no campo, nossa filha menor poderia ter morrido num desses acampamentos. Para quem não acredita em anjos da guarda, eu afirmo: eles existem. Quem tem filhos sabe bem. A menina, então com cinco anos, era muito cheia de ideias ("arteirinha", em gauchês). Ela amarrou uma corda na chaleira e tentou pegar a água do rio, que formava corredeiras bem fortes. Até que ou o galho quebrou ou ela simplesmente perdeu o equilíbrio e caiu na água, que, apesar de não ser funda naquele ponto, poderia tê-la levado facilmente, devido à correnteza. Uma amiga, que conheci nesse acampamento, estava se lavando no rio naquele momento e juntou a menina. E essa foi apenas a primeira tentativa de afogamento da minha filha.

A segunda: estávamos visitando a diretora do colégio delas numa praia catarinense perto da nossa. A casa tinha uma linda piscina de frente para o mar. Minha filha resolveu entrar na piscina sem boia. Enquanto conhecíamos a casa, ela deitou num colchão na parte funda da piscina, caiu do colchão e ficou se agarrando na pontinha dele, gritando por socorro. Sorte que eu ouvi de longe e fui socorrê-la.

A terceira: chegamos num clube em que a piscina grande tinha dois metros de profundidade. Minha filha se jogou nela para se juntar à irmã mais velha, que já sabia nadar. A maior não conseguiu segurá-la, pois também era pequena, e eu tive que me jogar na piscina para tirá-las do aperto. Eu tinha acostumado minha filha caçula com água desde um ano de idade, largando-a no mar ao meu lado para ela nadar sozinha. Ela não tinha nenhum medo, muito pelo contrário; adorava se jogar na água. Em qualquer água.

O anjo da guarda da minha filha do meio também ajudou muito quando morávamos temporariamente num apartamento de uma movimentada avenida de Porto Alegre. O apartamento tinha uma pequena sacada, em que se entrava por uma porta com uma pesada persiana que descia até o chão. A persiana era antiga e, se você deslocasse a tira de subir e descer um pouco para a frente, ela desabava com toda a força. Como eu sabia que não ia ficar muito tempo nesse apartamento, apesar de ser nosso, eu nunca mandava consertar a dita persiana. Um dia, entrei no quarto e a persiana estava para cima. Me apavorei quando vi que a menina tinha enrolado a tira em volta de seu pescoço, formando uma forca perfeita. Quando ela viesse para frente, a porta ia desabar e ela seria suspensa pelo pescoço, ou, no mínimo, ficaria sufocada. Ela achou bem engraçado quando desenrolei a tira do pescoço dela.

A mais velha também teve, literalmente, seu momento de sufoco extremo. Ela já era uma sobrevivente, depois de cair do altíssimo trocador de fraldas do seu quarto em sua primeira – e última – tentativa de voar. Mas a história é outra: a menina tinha ganhado, em seu aniversário de um ano, uma linda boneca de porcelana de seu padrinho. Quando entrei no quarto dela, ela estava totalmente arroxeada, com uma aparência terrível. A boneca de porcelana estava com o pé quebrado, e este devia estar repousando, invisível, na garganta da criança. Peguei a menina como uma galinha antes do abate (de cabeça para baixo) e bati nas suas costas com toda força. Ela vomitou o pé da boneca. Peguei o pé na corrida e coloquei de volta na boneca, para me certificar que não tinha ficado nenhum caco de porcelana na garganta da menina. Muito sufocante.

Resumindo: as três meninas cresceram e sobreviveram com poucas doenças, alguns ossos quebrados, alguns pequenos acidentes e, hoje, são adultas saudáveis e queridas. Agradeço aos anjinhos delas.

NOS NUMEROSOS HOTÉIS em que já fiquei, conheci acomodações bem simples, principalmente quando viajava com a banda de *rock*. Por outro lado, conheci hotéis muito luxuosos, com mármores, fontes, piscinas, massagens e comidas maravilhosas, quando viajava pelos festivais de cinema. Só recusei um hotel na vida (se é que dá pra chamar de hotel aquele buraco na praia paulista de Guarujá). O fajuto produtor nos botou numa espécie de pensão-favela que tinha um corredor contínuo que dava para um muro rebocado. Tudo era horripilante, e me recusei a ficar quando olhei os lençóis por cima dos duros colchões e vi que eles estavam sujos, desarrumados e com fios de cabelo aparentes. Eu disse que, se ele não nos botasse em outro hotel, dormiríamos na praça central da praia e chamaríamos a imprensa. Ele arranjou um outro bem modesto, mas com mínimas condições de higiene.

Também gosto de ficar na casa de amigos, porque é muito gostoso chegar e ter alguém para conversar e dar muitas dicas sobre a cidade, mas os hotéis dominam a lista dos lugares mais maravilhosos em que já fiquei: um barco (*houseboat*) ancorado num calmo lago da Caxemira; um hotel de madeira branca no parque de Yosemite, na Califórnia; um hotel dentro da pedra na Capadócia (Turquia); um veleiro em Angra dos Reis; uma pousada na beira do lago de Pushkar; os hotéis-palácios da Índia, como o Taj de Bombaim; o Hyatt de Hamburgo; uma fazenda em Campinas; um *château* em Mougins; uma casa com um jardim fantástico em Santiago de Compostela; um hotel esplendoroso em Katmandu e uma barraca nas areias de Bombas (Santa Catarina), quando ainda se podia acampar na beira da praia e ser feliz. São muitos os lugares em que acordei pela manhã me sentindo no paraíso, feliz por estar ali, sempre me sentindo em casa.

Tenho meus *kits* de viagem em miniatura, em que tento reunir tudo que eu possa vir a precisar em pequenas embalagens de produtos de higiene, curativos, cremes, cortador, lixa de unha e algumas *cositas* mais. Existe muita gente na estrada com esse mesmo espírito de tentar passar bem com o material disponível no momento, de resolver o mais rápido possível as contrariedades que sempre aparecem em qualquer viagem para aproveitamento máximo de cada local. A busca da eterna sensação de *joie de vivre*. Muitos nunca a experimentaram, ou por motivos econômicos ou por não saberem aproveitar os bons momentos que a vida proporciono. Digo para minha família, principalmente nas despedidas:

– Se, por acaso, eu morrer amanhã, façam uma festa comemorativa na minha cremação com o *slogan* "Essa pessoa aproveitou bem a vida". Toquem um pouco de Schubert e um pouco de cítara, mas terminem com Beatles, ou com um pequeno *show* de algum roqueiro autêntico da atualidade. Se quiserem radicalizar, contratem o Dandy

Wharols para tocar no velório, pagando o cachê com um pouco da herança que espero deixar.

DESDE PEQUENA EU JÁ ADORAVA dormir na casa dos outros. Havia as casas de três tias em que eu dormia: duas queridas irmãs de minha avó materna, que acabaram morrendo de câncer, e uma irmã de meu pai, que vivia na serra em um lugar muito frio e que, agora, vive em Santa Catarina. Eu gostava, com meu precoce espírito jornalístico, de ficar comparando o cotidiano da minha casa com o das casas delas, e também analisava as semelhanças e diferenças das vidas das minhas tias. Prestava muita atenção em tudo que se passava, principalmente nas relações familiares.

Uma das irmãs de minha avó, que ajudou a me criar quando meu pai morreu, era casada com um tio magro e alto, de origem alemã, mas não parecia amá-lo. Se ela o amava – o que era provável, pois ficaram a vida inteira juntos –, guardava esse sentimento muito escondidinho em seu coração. Ela tratava o meu tio como se fosse um cachorro. Minha tia, muito obesa, cozinhava para ele, e ele sustentava a casa com seu salário de estofador de móveis. Eles ainda eram apoiados por uma filha solteira, que era bancária, e por um filho casado. Eu ajudava essa tia a cuidar do pequeno jardim, a molhar as plantas e o chão no verão. Ela cuidou muito de mim. Mesmo assim, minha mãe conseguiu brigar com ela quando fiquei doente e minha tia foi acusada de desleixo, algo muito improvável. Coisas de família. Na época, cheguei à conclusão de que minha tia não gostava realmente de meu tio, principalmente porque, na juventude, ela quis casar com outro, mas a família, de origem alemã, quis um homem com essa mesma origem.

Meu tio comprava tudo que ela pedia no armazém para o almoço. Um dia, ela pediu um mamão para servir como sobremesa. Ela queria comer mais frutas, combater a prisão de ventre e tentar ser mais saudável, diminuindo sua gordura. Ainda não sabia do câncer de mama, que crescia discretamente. Ela comia muita carne e tomava muito café. O tio chegou, silencioso e de cabeça baixa, com o mamão solicitado enrolado em um jornal. Eu estava na cozinha entre os dois. Ele não percebeu, com seus olhos já fracos, que, num dos lados, o mamão já estava mole e podre. Ela ficou uma fera e disse:

– Mas tu não serve nem pra comprar um mamão?! Olha isso aqui!

E afundou seu gordo dedo dentro do mamão. Não satisfeita, jogou o mamão no meu tio, que, por incrível que pareça, apesar de velho, teve reflexo suficiente para agarrá-lo e não deixá-lo estourar em seu surrado paletó de trabalho, que ficaria laranja e cheio de sementes. Eu sabia que ela resmungava constantemente para ele no quarto e era sempre ríspida na sala. Acho que esse comportamento mais extremo dela já se devia à tristeza de saber que algo estava errado em seu corpo. Um dia, eu perguntei:

– Tia, por que tu tá tão triste?

– Vem cá que vou te mostrar.

Eu devia ter uns doze anos. Ela abriu a blusa de supetão, afastou o curativo e me mostrou o peito dilacerado. Eu quase desmaiei. Tinha uma vaga ideia do significado da palavra câncer, sabia que ele comia as células do corpo irreversivelmente, mas nunca tinha me deparado com o quadro da doença exposta. Ver uma carne humana esfacelada, escura, com pus e cheiro de podre fez com que eu tivesse de ir para o banheiro chorar muito. Eu não queria mostrar meu desespero porque, como a maioria dos pacientes, ela ainda achava que podia se curar.

No entanto, dormir na casa dessa tia sempre foi muito gostoso. Ela comprou a primeira televisão da família, e, à noite, todos iam assistir ao único canal existente. Eu amava ver TV, e ela me deixava ficar na frente da tela enquanto tivesse programação. Era muito mágica aquela tela! De onde vinham as imagens? E quem fazia aqueles maravilhosos filmes?

A outra irmã da minha avó, mais nova, não gostava tanto de mim como essa irmã mais velha. Mas minha prima casada, que morava junto com ela, gostava de mim e de minha mãe. Era uma prima que tinha nascido para ser médica, mas parou no ensino médio. Ela me deu laxante pela primeira vez na vida, depois de perceber meu problema crônico de intestino. Também me passou condicionador (creme *rinse* Velamed), desembaraçando todo o meu maçarocado cabelo comprido. Na casa dela, percebi, pela primeira vez, como meu cabelo era macio e brilhoso. Comecei a cuidá-lo. Adorava dormir nessa casa porque minha tia era uma cozinheira fantástica. Fazia doces e bolos incríveis para o café da tarde. Ela havia casado com um ucraniano fugido da Segunda Guerra, muito ríspido e amante de vodca. Ela o amava, mas ele batia nos filhos, principalmente na cabeça do meu primo. O marido dessa minha prima ganhou e perdeu muito dinheiro na vida. Era muito inteligente. Aprendi muito com eles.

Outra casa em que eu adorava ir nas férias era a casa da irmã de meu pai, que ficava na serra e tinha um cheiro maravilhoso vindo das árvores próximas. Minha mãe me deixava ir sozinha, apesar de não admirar a louca família de origem italiana de meu pai. Segundo ela, a família não a ajudou financeiramente quando meu pai morreu, apesar de ela ter sido casada legalmente com ele. Mesmo assim, ela achava que eu deveria ter algum contato com eles. Eu passava parte das férias de verão e, às vezes, também as geladas férias de inverno na casa dessa minha tia, que tem seis filhos. Na época em que eu a visitava, eram cinco primos (depois veio um temporão). Eu adoro essa tia até hoje, e ela me adora.

A casa era um delírio felliniano, com todo mundo gritando e brigando ao mesmo tempo. As refeições eram qualquer nota. Sempre dava briga com meu tio, italiano também fugido da guerra, regada a massa e a vinho barato. Emoções sempre intensas, transbordando por qualquer motivo. Lá, descobri que meus tios, apesar de me tratarem como uma rainha, surravam meus primos quando eles se comportavam mal, o que era muito frequente. Eu ficava muito nervosa com essas surras e corria para minha cama. Era muito doloroso ver meus primos, de quem eu tanto gostava, serem espancados daquele jeito. Eles ficavam muito constrangidos de apanharem quando eu estava presente na casa, principalmente no começo da adolescência. Era uma corrente horrível de pancadaria estabelecida há várias gerações.

Quando eu voltava dessa míni Roma sem monumentos grandiosos, achava a minha própria família um pouco mais normal. Era gostoso ficar sozinha no meu quarto-sala sem gritos constantes.

Eu também costumava ficar com minha avó paterna, tanto na sua casa antiga quanto num apartamento de um dos edifícios mais altos da cidade. Ela vendeu a casa que a abrigara por toda a vida e mudou-se para o décimo primeiro andar do prédio. Ela já tinha problema nas pernas, por isso, não conseguia sair quando faltava luz ou quando o elevador estragava, o que era constante na época.

APRENDE-SE MUITO SOBRE a complexidade das relações humanas vivendo em uma família italiana. Fui criada pela minha avó materna, de origem alemã, com tudo arrumadinho e limpinho dentro do guarda-roupa, contrastando totalmente com o caos doméstico italiano. Da família do meu avô materno tenho poucas lembranças. Conheci minha bisavó, que tinha em sua origem sangue francês. Meu bisavô, que não conheci, era de origem portuguesa.

Um pouco do meu louco ser deve se explicar por esta miscigenação: metade italiana, metade alemã-francesa-portuguesa, nascida no sul do Brasil, geograficamente muito perto dos espanhóis, apaixonada pela Índia. Talvez isso também explique minha facilidade com línguas e para entender as pessoas. Me comunico com qualquer criatura, por meio de palavras, sons, sorrisos e gestos. Adoro conhecer gente com costumes diferentes e com realidades muito diversas da minha. Considero o ser humano uma pequena enciclopédia ambulante, sempre com histórias particulares para contar. É muito bom ouvir problemas de família, relatos de amores verdadeiros, lembranças de sonhos não realizados. É melhor descobrir uma pessoa por suas histórias mais simples do que tentar aprofundar muito o conhecimento e chegar no lodo de cada um. Como disse o médico budista:

– Me mostre apenas seu lado bom.

Penso a humanidade como um grande rebanho desgovernado, e sei que nenhum ser humano é totalmente normal. Sempre procuro estudar soluções e imaginar benefícios sociais como um todo, sem me ater às particularidades mesquinhas de cada um. Se nos aprofundamos nos hábitos nefastos e nos sentimentos pouco nobres de cada indivíduo, perdemos o estímulo para lutar por mudanças e pelo bem-estar coletivo. Por isso, as viagens são tão frutíferas. Você reconhece os problemas de cada lugar, conhece muita gente divertida, mas logo parte para outra tribo. Eu já fui muito mais preconceituosa com as pessoas do que hoje em dia. Sempre gostava dos que gostavam das mesmas coisas que eu, dos que eram culturalmente parecidos comigo. Hoje, já aceito qualquer coisa que venha pela frente, qualquer figurino, qualquer gosto esdrúxulo para meus conceitos ocidentais. Isso se aprende com a dita experiência de vida. Tem que haver lugar para todas as manifestações, desde que não sejam violentas e visem ao bem da humanidade. Aprendi, principalmente andando nas favelas, tanto do Brasil quanto da Índia (especialmente as de Bombaim), que os homens de bem nascem em qualquer lugar, independentemente de erudição, *status* social, função que ocupam e roupas que vestem.

17. Cidade das luzes

É final de veraneio em Santa Catarina. Amo ficar em nossa casa da praia, no pequeno pátio arborizado. Como fui eu que construí esta casa (eu comprava o material e dizia o que queria para o pedreiro), conheço cada pedra, prego ou parafuso. Quem já construiu uma casa conhece a sensação. É como ter um nenê. De repente, existe, ao seu lado, uma casa que não existia antes, e essa casa vai ser habitada por você. Logo que as meninas nasciam, eu olhava para os bercinhos e pensava: "Mas de onde exatamente saiu essa criança? Ontem ela não estava ali!" De repente, você tem que alimentar e trocar a fralda desse novo ser que antes não existia. É muito fascinante: tanto o nascimento de um nenê quanto a construção de uma casa para si mesmo.

Começo a arrumar as tralhas para voltar para nossa cidade, pois, no dia seguinte, já tenho que viajar para assinar o contrato de um filme em que vou atuar como coprodutora, se tudo der certo. Terminada a arrumação e a faxina, ainda enrolada na toalha de banho, ouço os gritos:

– Mãe! Mãe! Desce aqui!

Era minha filha mais nova, que voltava da praia com o namorado. Pensei: "Nunca acontece nada importante aqui, por que ela está gritando por mim desse jeito?" Desci correndo de toalha e olhei para a menina, escabelada e cheia de areia. Ela escondia o olho com a mão e chorava muito. Perguntei:

– O que aconteceu?

– Veio uma onda muito grande e nos derrubou no chão. Quando viramos uma cambalhota dentro da água, levei uma batida no olho.

Eu e meu marido pedimos para examinar o olho, que estava todo vermelho e parecia mais para dentro que o outro. Tirei um pouco da areia e coloquei um paninho frio sobre o olho enquanto discutíamos o que fazer, pois só havia oftalmologista em Florianópolis, e, naquela hora de trânsito pesado, levaríamos pelo menos duas horas para chegar. Dei homeopatia para dor, e ela foi se acalmando aos poucos. Como voltaríamos para a cidade em menos de dois dias, resolvemos marcar o médico para atendê-la assim que chegássemos. Além da dor no olho e no rosto, ela reclamava de dor em todos os dentes, o que nos fazia pensar numa nevralgia causada pelo choque.

Ela conseguiu dormir na primeira noite, mesmo reclamando um pouco. Achávamos que tinha sido um susto e tudo ia ficar bem. Na volta, na pequena estrada que liga nossa praia à BR, uma terrível surpresa: o único restaurante *gourmet* da região, muito lindo, todo branco, em cima de um morro com vista para o mar, estava todo queimado. Não tinha sobrado quase nada do lugar onde tínhamos comido e nos divertido há apenas quatro dias. Alguns falavam de um escapamento de gás, e outros, de uma ex-funcionária que teria sabotado o local. Os donos eram do nosso estado, muito simpáticos e trabalhadores. Ficamos com muita pena deles.

Ao voltarmos para Porto Alegre, a menina (na verdade, uma garota de 19 anos) foi direto para a tomografia, e, infelizmente, foi constatada uma fratura no osso da órbita do olho, com deslocamento do músculo da face e algum nervo pinçado. Em suma: ela tinha literalmente quebrado a cara! Foi um susto para todos. Não há o que fazer, a não ser esperar um mês para deixar o osso cicatrizar e ver como o músculo vai se comportar. Se não voltar ao normal, vai ser necessário uma cirurgia, pois ela está enxergando cruzado quando olha para cima. Não seria fácil uma cirurgia no rosto, pois meninas são muito vaidosas. Com maquiagem e cabelo arrumado, todos dizem que ela continua linda, mas eu, como mãe, enxergo uma pequena diferença entre um olho e outro. Ela diz que a diferença é da minha cabeça, mas eu sei que não é. O jeito é esperar e rezar para que melhore. Eu, se fosse ela, estaria fazendo Reiki direto no olho, mas essa filha é a mais cética para o mundo astral. Espero que mude, ou talvez não seja nesta vida.

Viajo pra Paris preocupada com o olho da menina, mas sabendo que tinha que ir, pois nada mudaria com minha presença. Além disso, ela está tendo uma adolescência tardia e desdenha de tudo que falo. Ou contesta. Não me quer por perto. *Family life.*

ERA MELHOR MESMO IR para a cidade das luzes tentar me iluminar um pouco. Encontrei uma conhecida no avião de Lisboa para Paris, rachamos o táxi e já combinamos um encontro. Ela acabou me ajudando nas tarefas burocráticas. Saí dos quase 40 graus do verão escaldante de Porto Alegre para, à noite, encarar três graus em Paris.

Antes de encontrar os parceiros de trabalho, fui fazer uma massagem e sauna (*hammam*) na maravilhosa mesquita de Paris, porque ninguém é de ferro. Acontece que o frio ainda era grande, tão grande quanto a estrutura física das massagistas árabes, que passam um óleo perfumado nos clientes. Mas a massagem foi bichada. Havia uma fresta na janela que deixava entrar o ar gélido da rua. O motivo era simples: com toda aquela gordura, as massagistas suavam muito durante seu trabalho. O resultado: as coitadas das pacientes massageadas ficavam geladas, só de calcinha, deitadas em toalhas molhadas. Passei frio, o que não é legal depois de uma viagem de 24 horas com troca de estação. O *hammam* estava maravilhosamente quente, mas a piscina fria estava vazia. Fui reclamar sobre isso para uma linda árabe (chamo de árabe todas as muçulmanas, mas as desta mesquita são da Turquia, da África e de vários outros lugares), que ficou de dar um jeito, mas não deu. Eu não ficaria de cara com ela se a massagem e a sauna não custassem a "bagatela" de 175 reais. O real, novamente, não está valendo nada na França. O restaurante macrobiótico em que almoço está custando (prato, chá e sobremesa) 87 reais, e a corrida de táxi, em média, 80 reais. Já conheço bem essa história do nosso dinheiro valer pouco ao longo de tantas viagens.

Acontece que, quando saí da mesquita, já estava tossindo, e passei o dia posterior me sentindo doente. Tomei todas as homeopatias e fitoterápicos à disposição e consegui não ficar doente para o encontro que teria na cinemateca para a abertura de uma exposição de um conhecido cineasta. Depois dos compromissos, baixou a Simone de Beauvoir em mim, e sentei com exemplares do *Le Monde*, do *Le Monde Diplomatique* e do *Libération* em um café francês de esquina que frequento há algum tempo no Quartier Latin. Pedi um cálice de vinho tinto maravilhoso e me senti a rainha da cocada. O vinho, com seu *spirit*, acalmou minha alma naquele momento, me aqueceu e aquietou. Embora eu saiba que é tudo ilusão, como o vinho às vezes faz bem!

Fiquei interpretando o que acontecia no mundo através do ótimo jornalismo francês. O *Le Monde* dizia que o *Libération* estava com os dias contados, pois não conseguia vencer seus problemas financeiros e não tinha migrado eficientemente para a internet. O fim do *Libération* é uma tristeza para a esquerda do mundo todo, pois ele foi um jornal muito importante para o desenvolvimento da humanidade. Espero que alguém – ou alguéns – dê um jeito nessa situação.

Paris continua com seu jeito maravilhoso de ser. A melhor comida, a melhor sobremesa, o melhor vinho e muita arte e liberdade. No entanto, uma característica não muito libertadora que descobri aqui, quando morei por seis meses no Quartier Latin, é que a aparência é o que mais conta. Por exemplo: se você é *gay*, tem uma esposa com quem não transa nunca, mas todo mundo no seu trabalho acha que você é casado. Se você tem um amante – e, pelo jeito, muita gente aqui tem –, é preciso ser o mais discreto possível, para ninguém saber que você é infiel. Contradições sociais.

Volto para o Brasil em pleno sábado de carnaval, tendo a certeza de que nossos aeroportos vão ter que rebolar para atender a Copa do Mundo que vem por aí. O Galeão é cada vez mais podre e ineficiente, não tendo nem mesmo comida razoável para oferecer, com um pessoal não treinado e instalações péssimas. Às vezes, consegue ser pior que os aeroportos indianos. O de Guarulhos não comporta o movimento já agora. Tive que embarcar no subsolo, com os passageiros que iam para Madri misturados com os que iam para Lisboa, enquanto os atendentes berravam:

– Não entre nesse ônibus, é no outro!

Parecia ônibus da periferia de tão cheio. Já o aeroporto da minha cidade não tem nem equipamento contra neblina e a pista é muito curta.

No Brasil, está a maior discussão sobre se deve ou não ter Copa, mas, a essa altura, tem que ter, pois, de outra forma, seria um fiasco internacional. Fizeram estádios muito caros, a pedido da FIFA e por conta própria, mas, uma vez que um país entra na disputa pela Copa e ganha, tem que fazer bonito. Eu não acho que os estádios sejam ruins, porque, se fizermos um bom aproveitamento para concertos, circos, olimpíadas, será sempre um grande espaço a ser preenchido. A questão é se o Brasil tem essa bala toda para tantos estádios e para os caríssimos entornos. Também fico pensando na corrupção que grandes obras fomentam neste país. Espero que o Brasil ganhe a Copa para acalmar a situação e não sobrar para a política. Foi muito bom voltar no carnaval, pois tive ainda três dias e meio para descansar da viagem e arrumar meu quarto, o que estava precisando fazer há tempos.

ACABADO O CARNAVAL, muito trabalho sempre acumulando, muitas reuniões, mas tudo acontecendo. Alguns bons projetos aprovados, o que sempre movimenta toda a estrutura da empresa. Vou produzir pela primeira vez uma grande exposição, o que é bem diferente de um filme. A exposição vai ter filmes que vou realizar para passar dentro de telões. Já produzi muitos cenários para cinema, o que facilita. Como não veio a verba toda pretendida, vamos ter que reduzir o planejamento inicial, o que é sempre uma pequena frustração de expectativa. Temos que usar muita criatividade para não perder na grandiosidade. Estou gostando muito da experiência. Queria estar produzindo mais filmes ou seriados de TV, mas o mercado nacional não está fácil, principalmente para o sul do país. No trabalho, também é época dos editais de cinema. Se eu ganhasse por cada projeto de cinema que já apresentei para concursos públicos e privados, seria trilionária. Tem que ter muita paciência. E isso que já apresentei ótimos projetos. Dirijo também um cinema de arte na minha cidade, onde consigo fazer programações muito boas, com filmes muitas vezes inéditos no país. É uma seleção bem eclética. Por exemplo, depois de uma mostra sobre espiritualidade, entra uma mostra sobre cinema de terror e fantástico. São públicos numerosos, mas com gostos exatamente opostos.

18. Criando crianças

O calor está cada vez pior no Brasil, principalmente no sul, onde até ciclones andam aparecendo. Não consegui colocar ar-condicionado na parte de baixo do escritório, que estava tórrida, pois a venda de aparelhos foi tão grande que eles precisam de 45 dias para entregar. Em Santa Catarina também não havia aparelhos à venda. Vou ter que voltar à França ainda nesse final de mês, pois meu marido vai dar aula em Montpellier e eu vou ter nova reunião. Coisa boa! Serão três semanas dessa vez, e, ainda bem, acompanhada.

São muito importantes essas pequenas viagens solitárias para a saúde do relacionamento do casal. É muito chato tudo sempre igual, os mesmos locais, a mesma comida. Tem que haver sempre um pouco de renovação, principalmente em uma união de tantos anos como a nossa. Em um tempo grande de convivência como esse, cada um já conhece profundamente o outro e pode fazer com que o relacionamento seja cada vez melhor. Em alguns casos, por conhecer bem o ponto fraco do outro, você pode transformar a vida a dois num inferno diário. No nosso caso, já passamos por todas as situações: loucas, duras, agradáveis, prazerosas. Já teve de tudo. Criamos três filhas, tarefa gratificante, mas muito sofrida, principalmente quando são crianças pequenas. Transportar para cima e para baixo, dar alimentação, viagens, trabalhos escolares, esportes, cursos de línguas, resfriados, alergias, professores etc. É preciso muita estrutura para criar bem os filhos. Tivemos que nos puxar para sermos pais legais, e acho que fomos pais bacanas e continuamos sendo. Mimamos um pouco as meninas, pois demos tudo que estava ao nosso alcance. O mais legal é que hoje elas têm o maior gosto pela leitura, pela música, pelas artes. Sabemos que nos esforçamos muito para que isso acontecesse. Nossas filhas são de uma geração que não leu e nem sabe ler. O bom é que, na universidade, elas encontraram pessoas que também leram muito como elas, coisa que não acontecia no ensino médio.

Acho que outra característica que faz com que estejamos tanto tempo juntos é que falamos pouco dentro de casa, entre nós dois. Só falamos quando temos coisas importantes para dizer. Os dois não curtem pessoas que jogam conversa fora o tempo todo, que têm compulsão por falar. Eu não conseguiria viver com um tagarela e vice-versa. Também não temos competição, pois um ajuda sempre o outro nas tarefas profissionais. Um lê o livro do outro, ou os artigos do outro, antes de serem publicados. Corrigimos mutuamente os erros de escrita que passam despercebidos pelo entusiasmado autor do texto, ou alguma bobagem escrita no fervor da imaginação.

O respeito tem que ser muito grande para viver essa eternidade juntos. Eu, às vezes, digo algumas estupidezes bem femininas para ele quando perco a paciência com seu jeito esquecido de ser, mas não passa muito disso. Acho importante ter uma companhia constante. O bom casamento faz com que você economize em terapia, pois sempre pode se queixar pro outro do seu cotidiano quando chega em casa. Tenho certeza que, se não tivéssemos tido três filhas juntos, a situação seria bem diferente, bem mais egocêntrica. Quando você tem outras vidas para administrar, tem que abrir na marra seu horizonte, fazer muitas concessões, revisar constantemente suas referências. Toda essa mecânica doméstica faz com que você se torne mais humilde e de mais fácil convivência. Os momentos mais difíceis: quando as três crianças ficavam resfriadas ao mesmo tempo e acordavam de madrugada, depois de eu ter trabalhado o dia todo e ter que voltar pro batente na manhã do outro dia. Eu tomava banho e me olhava no espelho antes de sair para o trabalho, só para constatar o trapo ali presente. Eu pensava: "Onde foi parar minha beleza?"

Numa ocasião em que o pai delas estava viajando (e a garagem do nosso carro era no edifício vizinho), eu cheguei à noite com as três. Estava frio, chovendo, e eu trazia as compras do supermercado. Nós tivemos que subir a rampa do estacionamento na chuva com o seguinte quadro: a menor seguia dormindo no meu colo, apoiada em meu braço direito; a do meio seguia meio dormindo, arrastada em pé pela minha mão esquerda, repartindo o espaço com os dois sacos de compras; e a maior seguia atrás, sozinha, cansadíssima, com cara de triste, carregando a sacola com pães e papel higiênico, que era a mais leve. Na segunda vez em que parei para abrir as portas (primeiro, a da entrada do edifício, e, depois, a grade do apartamento), larguei a mãozinha da menina do meio, botei as compras no chão, sentei na escada do edifício com a menor no colo e comecei a chorar. Minhas costas doíam muito. Também estava exausta. A mais velha, com sua eterna doçura, me deu um beijo no rosto e empurrou a porta, fazendo sinal para entrarmos. Acho que devo ter chorado por uma hora, mais ou menos, dentro de casa, apesar de não estar com nenhum problema grave. A maior me olhava, assustada com meu choro.

Eu já trabalhei em creche cuidando de seis crianças de dois anos ao mesmo tempo. Eu sei que crianças são lindas, mas é preciso muita disposição para criá-las. Eu vou gostar de ter netos, mas a minha paciência com crianças na madrugada é de outra época. Agora, eu quero dormir a noite inteira, não dar peito nem mamadeira às três da manhã. Como trabalho como voluntária com crianças de abrigos públicos, sendo madrinha de vinte abrigados, dos dois aos dezoito anos, tenho ainda muito contato com o mundo infantil, mas, quando chega a noite, eu sempre durmo na minha casa. Adoro o trabalho que faço há cinco anos com ioga e relaxamento para crianças e adolescentes que foram abandonados ou retirados dos pais. Alguns são vítimas de abuso sexual doméstico. Levo eles para o cinema, para os parques, para exposições. Promovo festinhas de aniversário. Mas sei que o mais importante que faço para eles é distribuir beijos e abraços. Chego a sair melecada de tanto amassar e ser amassada pelos pequenos. A carência deles é total. Só me sentar para ouvir os problemas já faz eles ficarem muito felizes. Gasto a maior grana sendo voluntária, pois dou presente de páscoa, aniversário, natal. Tudo vezes 20.

ACHO QUE A HUMANIDADE INTEIRA tinha que ser voluntária em seu tempo livre, ou, se não tiver tempo livre, o que é meu caso, abrir um espaço na agenda para o voluntariado. Não adianta depois reclamar: levaram meu carro, me apontaram uma arma, botaram uma faca no meu pescoço. A situação da violência no Brasil chegou num ponto em que é urgente uma reforma nas bases da educação da classe menos favorecida, principalmente nas comunidades mais vulneráveis e, portanto, mais perigosas. Os governos já provaram sua ineficiência no combate à miséria da população carente, ou por falta de recursos, ou por falta de vontade, ou por falta de visão. O trabalho atual de combate à violência é no corpo a corpo. Tem que entrar dentro da vila, dentro das escolas, dentro dos abrigos, para ajudar no que for possível. No Brasil, não podemos deixar nossas casas sem grades, não podemos ir de um bairro até o outro à noite, não podemos deixar um carro pernoitar na rua. É muito triste uma situação dessas. Impossível viver num país nesse estado de violência lamentável.

Faço um trabalho que aprendi ao longo de trinta anos de ioga, em que as crianças relaxam nas posturas em meio a brincadeiras. No final do relaxamento, quando muitos pegam no sono e eu tenho que sacudi-los para acordá-los, fazemos um *sankalpa* (uma afirmação positiva) para a turma, que é:

– Eu sou saudável.

Isso significa que, venha o que vier pela frente na vida deles, como lhes oferecerem drogas ou tentarem tocar no corpo deles sem permissão, eles têm que pensar nessa afirmação e tentar fugir imediatamente da situação. Também há as afirmações individuais para trabalhar em cima de problemas que eles queiram enfrentar em suas vidas. Eles aprendem *pranayamas*, o que é muito eficaz para os que têm problemas de fala e que tentam gritar em vez de falar. Eles gostam muito das aulas. O que me dói é que vivo levando as crianças em restaurantes de *fast-food* para comer aquela comida pavorosa, algo que eles desejam muito, pois nunca podem ir. Quando eles me veem sentar à mesa do *fast-food* e não comer nada, dizem:

— Madrinha, se eu tivesse dinheiro como a senhora para vir nesta lanchonete, eu comeria esta comida todos os dias.

Eles realmente não têm interesse em ir a algum lugar bio ou vegetariano. Isso talvez aconteça só bem mais adiante em nossa trajetória em conjunto. O que me irrita na sociedade de consumo é ter que pagar mais por um lanche podre e artificial só para ganhar um brinquedo de plástico vagabundo, que logo vai se desmanchar, aumentar a quantidade de plástico no mundo e diminuir o petróleo no centro da Terra. Mas não adianta eu ser radical com eles. Estou organizando um piquenique, no qual pretendo introduzir um pouco de comida saudável. Vamos ver se vai agradar.

Eu levo também muitos livros, mas, das 20 crianças, só tem uma que lê poesia, e outra que lê revistas. O resto não consegue ler. Nunca aprenderam a ler livros e nunca alguém leu para eles. Tentei, uma vez, fazer uma roda de leitura, mas foi o caos. Mas ainda vou retomar essa atividade.

Eles só têm acesso à televisão e ao *videogame*. Não têm internet nem celular. Já levei computador e pedi acesso Wi-Fi à administração, que disse não ter condições de pagar a mensalidade. E vem sempre aquele papo de que eles vão acessar pornografia, entrar em contato com os pais nos presídios, em suma, se comunicar. Essa falta de informação leva a aberrações, como quando eu estava conversando com os adolescentes do abrigo na rodinha de bate-papo:

— Tu tá com cara de cansada, madrinha.

— É que ontem fui ao *show* do Paul McCartney e não tinha transporte pra voltar para casa depois de ficar cinco horas em pé.

— *Show* de quem?

— Do Paul McCartney. Vocês conhecem o Paul, não?

— Não. Do McDonald's?

— Dos Beatles. John Lennon?

— Não.

– Vocês querem me dizer que não sabem quem são os Beatles?

– Não.

– Ok. Vou trazer umas músicas dos Beatles pra vocês ouvirem.

Um pouco estarrecida, continuei o papo, que ainda ia piorar. Nunca falo com eles sobre religião, para não criar problemas com o abrigo, pois alguns desinformados acham que ioga é religião por causa do OM e do Namastê. Eu também ensino meditação transcendental para eles, pois o objetivo maior do ioga é a meditação. Aí, eles perguntaram:

– Que imagem mental eu posso escolher na meditação para não pensar em nada?

– Pode ser uma imagem da natureza, de preferência algo estático, parado, como uma flor, uma árvore, um lago.

– Pode ser um cachorro, madrinha?

– Não, não pode ser animal, nem pai, nem mãe, nem namorado. Melhor algum outro elemento da natureza, ou pode ser a cor branca, por exemplo.

– Pode ser a imagem de um santo?

– Sim, pode ser a imagem de um santo que vocês gostem. Também funciona.

– Então, madrinha, vou escolher aquele santo que fica de braços abertos em cima daquele morro. Como é o nome?

– Pessoal, como é o nome daquele santo que fica de braços abertos em cima daquele morro?

– Deus?

– É considerado um dos filhos de Deus. É o Cristo do...

– Rio de Janeiro!

Era demais. Resolvi terminar o *quiz*:

– Cristo do Corcovado, na cidade do Rio de Janeiro.

Tirei meu time de campo da conversa. Só rezando pra Deus e pro Cristo do Rio de Janeiro. Brasil!

19. Tudo ao mesmo tempo agora

Passado um mês, voltamos ao especialista em rosto, que nos disse que a linda menina teria mesmo que operar para a colocação de uma placa de plástico entre o osso e o músculo para a vida toda. A cirurgia pode ser feita entrando por baixo da pálpebra. A menina ficou muito assustada, embora o cirurgião tenha dito que essa técnica é muito melhor do que fazer cortes no rosto. Ficamos bem chateados e ainda vamos levá-la em outro especialista para ter uma segunda opinião. O músculo não voltou para o lugar e a visão continua dupla quando ela olha para cima. Que droga essa situação! Ela não sabe se vai fazer as aulas da autoescola e se vai conseguir ser aprovada no exame de condutor com essa visão dupla. O oftalmo disse que a situação do rosto não deve piorar, mas que dificilmente vai se resolver sozinha. A menina está preocupada, mas não parece muito nervosa com o assunto. Já eu detesto a ideia de botar um plástico no rosto que pode se deslocar ou não ser aceito pelo entorno. Nunca teria coragem de botar nem botox no rosto. Não uso remédio alopata para não me encher de químicos. Nunca consegui tomar nem pílula anticoncepcional, pois me fazia muito mal física e emocionalmente.

A única substância nociva que boto conscientemente para dentro do corpo é vinho tinto francês, às vezes italiano ou chileno, mais por prazer do que por vício. A questão é que, quando você mora na França, nem que seja só por poucos meses, e fica tomando o vinho nacional, não consegue mais tomar vinho com acidez. É o mesmo que tomar leite direto da vaca e depois passar para leite longa vida. Ninguém aguenta. Não é uma questão de frescura, mas sim de aprimoramento do paladar. Claro que isso não acontece com todos. Tem que ter o gosto pelo vinho tinto nos genes. Sempre vai ter quem prefira a cerveja ao vinho. Boa parte das mulheres acha muito mais gostoso e chique tomar champanhe em uma festa ou na chegada ao restaurante. Os verdadeiros amantes do vinho tinto sabem que o *terroir* (a terra onde o vinho é cultivado) faz toda a diferença, além dos anos de *savoir-faire* (*know-how*) desses franceses, que já nasceram amassando uvas.

Assim é também com as receitas dos doces franceses, elaborados no ponto exato, com pequenos detalhes que são incomparavelmente poderosos para as papilas gustativas (e para o aumento do colesterol). Não tem *éclair* (bomba de chocolate ou creme) igual à deles. Sem falar nos *macarons*, nos doces de frutas, nos doces de baunilha, e assim por diante. Só falar dessas gostosuras já me dá fome, que será saciada logo, pois, nesse mês, vamos passar duas semanas em Montpellier, onde meu marido vai dar algumas aulas na universidade. Depois, ficaremos uma semana de festa em Paris, no estúdio de um sótão muito aconchegante.

CHEGAMOS A MONTPELLIER depois de um voo Porto Alegre-São Paulo-Paris, mais um trem TGV de uma hora e meia para Montpellier. Comemoramos os primeiros momentos em grande estilo e já gastando os tubos no café chique da Gare de Lyon, onde o garçom, um português, disse que a situação em Portugal está sofrível, com muito desemprego e diminuição geral de salários. Sua família teve uma perda de ganhos de 45% no último ano.

Apesar do vinho e do queijo serem ótimos, proporcionais ao valor da conta, quando fui ao banheiro, tive que usar o masculino, pois o feminino estava fora de serviço. O WC masculino estava limpo. Uma senhora ficou cuidando a porta, embora mulheres nos banheiros dos homens não surpreendam muito os europeus. Só que não tinha papel higiênico, o que me irrita muito em ambientes metidos a elegantes. Pensei: "Não podemos esquecer que estamos numa estação de trem". Pelo menos o próprio saiu no horário, o que é normal para esse meio de transporte, muito mais previsível que os aviões. Fomos de primeira classe, fornecida pela universidade, cada um semideitado num lugar ótimo, com vistas bonitas e o barulho macio das rodas nos trilhos. Adoro trem, principalmente o TGV. Por que o Brasil não tem trem? Muito triste. No café, doces ótimos, vinho de primeira, chás e cafés cheirosos. Já tínhamos comido tanto na estação que só entrou chá e café.

O professor que nos convidou para Montpellier nos aguardava na estação para nos levar ao apart-hotel reservado aos convidados da universidade. Um quarto-sala, uma microcozinha e um espaço para a mesa de refeições, que é minha escrivaninha no momento. Meu marido tem uma pequena escrivaninha só para ele. Tem também TV a cabo, mas essa não costumo usar. Muitas lojas de comidas e conveniências por perto. Como comem bem esses franceses!

Fomos ver uma exposição muito especial da Linda McCartney, com fotos dos quatro filhos do casal, da casa e de músicos conhecidos. Ela foi uma ótima fotógrafa de retratos. Linda morreu muito cedo, apesar de ser uma grande propagadora do vegetarianismo. Mas, quando a genética aperta – ou sei lá o que acontece nas células –, o câncer é implacável. Houve uma grande polêmica na época da sua morte. A família teria realizado uma eutanásia na fazenda, a pedido dela, o que foi desmentido logo após. Também não interessa, pois ela não tinha mais como ser mantida viva. Seu apaixonadíssimo e multimilionário marido tentou todas as formas de cura: alopáticas, homeopáticas, experiências internacionais no tratamento do câncer. Nada deu resultado. Deu pra ver que foram uma família muito feliz, com quatro filhos (o primeiro, só dela, adotado por Paul). Essa mãe deixou saudade. Havia também um documentário sobre Linda na sala de vídeo. O mais engraçado é que, sendo fotógrafa e com o sobrenome de solteira Eastman, todos a associavam à Kodak (criada por George Eastman).

Ela não tem nada a ver com a empresa nem com o George. Outro fato que eu desconhecia é que ela virou milionária vendendo comida vegetariana e orgânica quando isso ainda era bem raro. Das suas fotos de músicos, adorei os retratos da Nico (do Velvet Underground) e do Mick Jagger. Outra foto linda é da Kate Moss com o Johnny Deep, bem mocinhos.

Fui também ao Museu Fabre ver a exposição permanente, que é uma ótima coleção, com destaque especial para o pintor francês François-André Vincent, que eu desconhecia. Ele tem obras clássicas incríveis. Também fomos num cinema de arte perto da universidade assistir ao filme *At Berkeley*, sobre essa universidade que acabei de conhecer. Foram quatro horas de documentário, que podiam ter sido reduzidas a duas. Um trabalho de muito fôlego, mostrando as questões financeiras da instituição ao mesmo tempo em que apresenta trechos de algumas aulas muito interessantes. Acaba cobrindo uma manifestação de estudantes, meio fraquinha, mas a primeira depois de dez anos. Eles conseguiram impedir a demissão de 400 pessoas baixando os salários dos professores que ficaram. Mas as grandes estrelas de Berkeley (seus professores mais famosos), quando convidadas por Harvard, Stanford, Yale e outras universidades, tiveram seus salários aumentados pra ficarem lá.

A importância de manter a excelência da instituição é enorme, pois ela é a única grande universidade pública americana a atender a classe média. Os seus *sites* e computadores sofrem com dezenas de tentativas de invasão todos os dias, feitas por *hackers* que tentam espionar as descobertas e invenções ainda não patenteadas. Só pela questão da liberdade acadêmica e da não priorização da famosa máxima "os alunos daqui vão enriquecer" já vale a existência de Berkeley. Além disso, sua qualidade de ensino a mantém em segundo lugar no *ranking* norte-americano, e seus professores ganharam muitos prêmios Nobel.

Achei um restaurante vegetariano de uns meditadores franceses e uma escola de ioga no centro de Montpellier, então tudo corre bem, apesar do excesso de queijo, dos doces e do vinho. Tento equilibrar ao máximo esses dois lados, mas não é fácil. No final de semana, os professores querem nos dar uma festa. Tenho que cuidar pra não pisar na jaca, pois me entusiasmo muito em aglomerações.

AMANHÃ, TEMOS QUE IR A LISBOA para a sessão de nosso filme, que concorre em um festival na cidade. Vai ser a maior mão de obra e o maior gasto, pois teremos que ir de avião daqui até Paris e de lá até Lisboa, e já voltar no dia seguinte, porque a universidade de Montpellier deu licença de apenas um dia para essa pequena viagem. Não tem avião direto para Lisboa e, de trem, levaria muito tempo. Pressa nos transportes significa altos gastos, mas, mesmo assim, achamos que vale a pena prestigiar nosso trabalho. Também vai haver uma discussão com o público – que vai ser formado principalmente por psiquiatras, psicólogos e trabalhadores da saúde – logo depois da sessão. Se você está na Europa e algum trabalho seu é exibido aqui, é sempre um arrependimento se você não comparece. Os organizadores sempre dizem:

– Mas é tão perto!

Nunca é tão perto e sempre é caro. Mas lá vamos nós, rumo aos lusitanos. Meu marido simpatiza bem mais do que eu com Portugal. Eu gosto, mas não morro de amores, pois nunca passei por nenhum momento muito especial em Lisboa. Gostei de conhecer o Porto, mas Lisboa sempre me passou uma imagem de velhice e certa pobreza enraizada. Mas isso está mudando, e os turistas internacionais já perceberam.

Eu sei que toda a cidade depende de um morador para nos mostrar o seu lado bom. Uma vez, em Roma, que é incomparavelmente linda, apesar de ser frequentemente muito caótica, uns conhecidos foram me mostrar a cidade que os turistas não conhecem. Eles fizeram um roteiro de fontes, casas, bares e recantos. Fiquei absolutamente encantada. Só um morador que conhece muito bem o lugar pode nos proporcionar isso. Os hotéis são ótimos, mas, nas casas, você se aprofunda muito mais numa localidade e também sente como se processa a atividade de um lar por lá, proporcionando muito mais base cultural para o entendimento daquela cultura.

Chegamos ao aeroporto de Lisboa. Não havia nenhuma plaquinha com nosso nome. Meu marido, diretor do filme, é que tinha tratado com a organizadora do festival, e ele não tinha o número do celular dela. Eu não podia reclamar, porque não tive tempo de me aprofundar nas tratativas com a organização. Fiquei encarregada das passagens e do hotel. Quando já nos preparávamos para pegar um táxi para o hotel, o motorista apareceu. De cara, já vi que não era um motorista profissional, pela roupa e pelo cheiro de álcool que exalava. Não entrei em detalhes sobre sua verdadeira ocupação porque o carro era bom e ele dirigia bem. Tenho muito medo dos motoristas que às vezes vêm nos buscar e que sinto que não são profissionais. Enviadas por universidades e festivais do interior de nosso estado, algumas pessoas que nos buscam dirigem tão mal pelas estradas que só rezando. Ser motorista é uma profissão, assim como ser cirurgião e piloto de avião. É preciso estar num estado emocional muito tranquilo. Já tive que demitir alguns motoristas que bebiam ou se chapavam nas diárias dos filmes.

O hotel em Lisboa era simples, apesar de caro. Na chegada, já vimos o quanto a situação econômica portuguesa está pegando, principalmente a dos refugiados. Meu marido, que tem cabelo longo, estilo meio artista meio intelectual, estava muito bem vestido, com paletó, sem gravata. Assim que ele pisou na rua, dois africanos ofereceram maconha e haxixe. Ele acha que eles tinham heroína também, num saquinho marrom. É o grande desespero dos imigrantes por dinheiro. Estão atacando qualquer um que pareça um possível consumidor. Meu marido chegou brincando e dizendo:

– Primeiro, me tiraram pra velho aqui na Europa, e, agora, pra drogado. Acho que temos que voltar pro Brasil.

Ele se referia ao dia em que estávamos no trem urbano e uma moça e sua filha ofereceram seus lugares para nós sentarmos. Ele aceitou, mas ficou descontente com a situação. Meu marido também não gosta de ser chamado de tio ou de senhor. Eu gostei que me deram o lugar, porque meu joelho problemático está muito detonado das caminhadas.

EU, QUE ADORO LISTAS, fiz uma lista de todos os problemas de saúde que me acompanham no momento, em direção ao penhasco da velhice. Na coluna: pequenos desalinhamentos que, se eu fizer alguma coisa mais ou menos errada, como sentar em cadeiras reclináveis de praia ou dirigir sem uma almofada nas costas, podem se transformar em grandes e doloridos desalinhamentos. Na bexiga: uma bactéria (*eschirichia coli*) que frequentou a minha caixa d'água durante toda a minha vida, me trazendo cistite constante, que espero que nunca vá para os rins. Não posso usar sabonetes perfumados, pois a ardência vem em cinco minutos, agravada pelo consumo de açúcar. Na parte superior: rinite e sinusite alérgicas, que podem ser disparadas se eu tomar qualquer líquido gelado. Se for gasoso, pior ainda. Ou sorvete, que também ataca minha garganta a qualquer momento. O quadro pode ser muito piorado por aparelhos de ar-condicionado e até por ventiladores dirigidos ao corpo. Então, uma viagem de avião na classe econômica, com seu pestilento ar pressurizado e seus desconfortáveis assentos, acaba com toda a minha saúde. Sempre chego meio destruída no destino final.

Continuando a lista de problemas físicos: joelho esquerdo problemático. Por último: digestão péssima. Tudo que entra neste meu corpo depois das 18 horas fica no estômago até o outro dia pela manhã. Mais a menopausa, com seus calores e suadores constantes. Em suma, nenhuma doença grave, mas pequenas chateações diárias que vão se aprofundando. Mas meu humor está bom, e, assim, vou levando a vida. Não me deixo abater com essas "questõezinhas de saúde", enquanto rumo ao massacre da geriatria.

FIQUEI SOZINHA NO HOTEL e pedi um chocolate quente com uma torrada de manteiga e geleia. Lanche muito básico, mas muito bom. Tomei banho e já era hora de ir para o cinema. Encontramos um grande amigo nosso, ex-companheiro de banda, que estava nos esperando com amigas no bar do cinema, com um bom vinho tinto português. A sessão era às 18h30, horário péssimo, pois as pessoas ainda estão saindo do trabalho. Não tinha muita gente para um festival, mas a discussão foi acalorada no final.

O filme trata da relação de uma psiquiatra jovem com seu paciente esquizofrênico, internado em um sanatório. Ela busca saber mais sobre a vida desse paciente em sua infância e adolescência, até que a doença se manifestasse intensamente. Os terapeutas portugueses discutiram a funcionalidade da busca do passado, já que a esquizofrenia é uma doença sem cura e muito agravada por razões genéticas. Todos concordaram sobre a importância de dar atenção à vida do paciente, mas alguns acham que é romantismo pensar que isso vai alterar alguma coisa no seu cotidiano enlouquecido. Outra questão é o toque: se o terapeuta deve tocar ou não no paciente e qual seria o risco de uma má interpretação de um toque carinhoso em uma cabeça alucinada. Foi bem legal a discussão.

Sempre acho que trabalhos que levam ao debate já têm seu valor garantido. Meus livros de ioga ensinam que o terapeuta tem pouco a fazer com doentes mentais graves ou com pacientes que ingerem psicotrópicos fortes, porque eles já não conseguem mandar minimamente no próprio cérebro. A única coisa que recomendam é dar bastante amor e ir levando do jeito que der. Mesmo assim, tive um aluno de ioga de 50 anos que se rotulava "esquizoafetivo" e vivia totalmente dopado. Ele gostava muito das aulas, e vi que o simples fato de ele tomar banho e fazer a barba para a prática já estava lhe trazendo grandes benefícios. Também ter alguém para ouvir suas histórias alucinantes lhe dava muito prazer. Ele tinha excelente consciência de muitas coisas e uma mente muito aberta. O engraçado é que ele me dizia:

– Professora, a culpa é toda do peiote, da mescalina. Depois que eu usei isso, minha cabeça nunca voltou para o lugar.

Não sei se é verdadeira essa história. Talvez ele tivesse lido muito Castañeda.

Ele dizia que eu era uma ninja, uma guerreira. Tive que ir me distanciando aos poucos, porque ele começou a pirar que eu tinha que receber dinheiro pelas aulas, e eu, como voluntária, não podia e nem queria receber nada. Ele trazia uma nota de 50 reais enrolada no bolso da camisa e tentava botar no bolso do meu avental. Na única vez que ele correu para eu não devolver o dinheiro, deixei a nota com a secretária para comprar café para o centro. Seus colegas reclamavam que ele ficava falando baixinho com ele mesmo, atrapalhando a meditação. Eu dizia:

– A meditação tem que acontecer independentemente dos sons ao redor. Mesmo se tiver uma britadeira aqui na sala, vocês têm que treinar o foco.

– Com esse louco dentro da aula é impossível, professora.

A humanidade é implacável, principalmente os jovens.

DEPOIS DA SESSÃO DO FILME em Lisboa, fomos jantar com os amigos no Chiado, um restaurante de cozinha contemporânea maravilhoso. Como disse um conhecido italiano:

– Você ainda não aprendeu a conhecer o discreto refinamento português.

Provei uma das saladas mais sensacionais da minha vida. A sobremesa e o vinho também foram tentadores. Nos divertimos muito e voltamos de metrô para o hotel. No outro dia, voamos o dia inteiro para chegar à noite em Montpellier. A cara companhia de aviação francesa, única opção viável, não tinha televisão nas poltronas nem comida para comprar. Serviram um sanduíche seco e duro, com suco açucarado. E não tinha sabonete no banheiro. Estávamos pagando 3.800 reais para viajar entre países quase vizinhos. As grandes companhias aéreas têm que sofrer uma revolução muito grande, ou vão desaparecer.

ANTES DA PRIMEIRA AULA NA Universidade de Montpellier, aconteceu uma comemoração em um restaurante. Teve prova de três vinhos, para escolher qual seria servido na mesa, e entrada carnívora, da qual só comi pão com azeite de oliva. Depois, veio para mim a prancha vegetariana, com umas seis qualidades de pequenas comidas, todas muito saborosas. Tudo estava sob relativo controle, até que, depois da sobremesa, que era um pote grande de *panna cotta* recheada com outras delícias, veio o café *gourmand,* que, além de um café expresso, oferece quatro míni sobremesas. Resultado: comi a grande *panna cotta*, um pequeno *crème brûlée*, um pequeno *brownie* e um pequeno bolo de laranja. Tudo divino, mas excessivo. Para completar, houve o brinde da saída, com um destilado fortíssimo, tipo um conhaque, que eu não deveria ter tomado. Saí me sentindo com 130 quilos e cinco anos mais velha.

Fiquei com muita pena do meu marido, que, a seguir, daria uma aula de três horas para um público exigente. Tive que tomar um digestivo e dormir um pouco antes de conseguir ir para o computador trabalhar. Esses almoços comerciais com franceses podem ser uma hecatombe para o corpo. Trabalhar com japoneses também não é fácil. Como os japoneses conseguem comer e beber tanto?! E o que os escoceses bebem de álcool em uma semana, eu levaria um ano para consumir. Tudo muito diferente do pessoal da ioga com que convivo, que consome pequenas porções, nenhuma bebida alcoólica, pouco açúcar. Mas vivo entre esses dois mundos, com meu cotidiano variando o tempo todo.

Eu estava indo bem nas aulas de ioga quando meu joelho começou a incomodar. Caminhava muito durante o dia, sempre de tênis, mas a cama do apart-hotel é do tipo sofá-cama e tem uma brecha no meio, onde devo ter introduzido meu joelho. Como não pude ir à aula de ioga porque meu joelho não estava me deixando subir escadas nem caminhar direito, fui descansar as pernas num cinema que exibe filmes de arte ou não comerciais no centro da cidade.

Eu tinha assistido, no dia anterior, a *Noé* dublado em francês, que tem, entre outros absurdos, uns *transformers* de pedra que são amiguinhos dos protagonistas. Só não tinha sido uma perda de tempo completa – e eu considero meu tempo precioso nessa idade – porque o cinema tinha Wi-Fi, e eu consegui botar meu celular quase em dia. Nem a imagem dos bichos entrando na arca, que era uma das cenas em que achei que os ianques iam arrasar, conseguiu ser surpreendente. Pra completar, todos os *e-mails* que enviei do cinema com imagens anexadas foram para o espaço. Nenhum destinatário os recebeu, apesar do barulhinho de envio. Ter ido assistir a esse filme norte-americano foi uma total catástrofe. Não teve nenhum momento brilhante, e o ingresso para mim e para meu marido, num cinema com poltronas que apertavam as pernas e em cujo encosto minha cabeça sobrava, saiu 74 reais.

Então, nesse dia, decidi assistir a um filme mexicano de baixo orçamento que havia participado do festival de Cannes. Eu ainda estava apaixonada pelo México. Sei que tudo que conheci dos mexicanos – o lado bonzinho, hospitaleiro e de lindas paisagens – convive com um mar de sangue subterrâneo causado pelo narcotráfico e por toda forma de crime organizado. Tenho muita pena do Brasil, com sua violência urbana cotidiana, com seus covardes assaltos e sequestros, onde qualquer um se acha no direito de botar uma arma na cabeça de outro ser humano para levar algumas notas de dinheiro. Ainda assim, em comparação com a dura realidade mexicana, eu me sinto mais segura no Brasil.

O filme, que retrata um México que está frequentemente nos noticiários policiais, mostra a vida de uma família paupérrima de trabalhadores bem-intencionados e que se querem bem. A filha jovenzinha se apaixona e quer casar escondida com um rapaz mais velho que está sendo treinado no Exército para atuar em forças especiais. O treinamento é composto por exercícios pesadíssimos em terrenos inóspitos, além de alguns sustos, como botar a cabeça do soldado dentro da latrina e tentar afogá-lo. Esse rapaz, para ter dinheiro para a fuga com a noivinha, rouba dois pacotes com cinco quilos de cocaína cada um do estoque que o Exército queima, e os esconde na cisterna da casa da menina. O inferno vem com tudo. Quando uma facção do Exército sai em busca da droga desaparecida, o pai da família é morto na entrada da casa ao tentar defender-se, o irmão da menina é levado e torturado, a doce menina é vendida para um monstro que a engravida e a deixa em estado de choque.

Comecei a passar mal na poltrona. Eu e mais meia dúzia de velhinhos. O auge da violência pós-moderna acontece com o noivo ladrão, que tem sua tortura assistida e compartilhada pela família dos torturadores em meio a jogos de *videogame* ultramodernos, celulares, bebidas, drogas e uma mãe que continua cuidando da cozinha enquanto a barbárie acontece na sala de sua casa. A família é de torturadores e matadores profissionais, que o Exército contrata para fazer o serviço mais sujo. Depois de ter sua boca fechada com fita isolante, para que a vizinhança não ouça qualquer som, com a televisão em um volume altíssimo e com o som dos tiros no *videogame*, o noivo é espancado e pendurado num gancho no teto, onde fica até morrer. No penúltimo momento, eles jogam o álcool que estão bebendo nos pelos pubianos do espancado, e o público assiste a toda a região genital ser queimada aos poucos.

Eu já não estava gostando mais de estar ali sentada, mas o filme, mesmo assim, era muito bom. Fiquei satisfeita com a morte do rapaz, pois acabou com seu sofrimento. Ele, como acontece com centenas de desafortunados mexicanos, é pendurado em uma ponte ou passarela. Seu corpo fica sacudindo para mostrar aos outros o que pode acontecer com quem não respeita as regras do tráfico. Os criminosos mexicanos gostam de mostrar que são realmente malvados. Eles decapitam e depois expõem as cabeças de várias pessoas juntas em lugares públicos. No final do filme, o irmão torturado encontra a irmãzinha grávida, que consegue fugir. O irmão mata o abusador da irmã e eles seguem vivendo juntos, com saudade do pai, no mesmo barraco. Muita crueldade, mas bem mais verossímil que os *transformers* de pedra que matam os inimigos do bem.

Saí para a rua me sentindo meio pateta e acabei comendo doce de chocolate em excesso nas maravilhosas docerias francesas para me recompor de tanto sangue. Tudo é desculpa para um bom *repas*. Eu precisava achar um técnico para consertar a pulseira do meu relógio, que tinha rompido em Lisboa. Não foi difícil. Ele deixou a pulseira nova e me cobrou dez reais. Alguma coisa tem que ser barata nessa terra.

Fiquei na praça principal da cidade, chamada de Comédie, enquanto pensava sobre a violência do mundo. Em todo lugar, em determinados momentos, a violência está presente, apenas se deslocando de cidade para cidade, de povo para povo. Mas, em lugares como México, Oriente Médio, Palestina, Venezuela e Haiti, a violência é constante. Explodir mercados, praças e aviões, matar estudantes dentro de cinemas e escolas, assaltar a mão armada, é tudo terrível. O que mais me apavora da violência é a crueldade da tortura, do cativeiro nos sequestros, da humilhação pessoal indiscriminada, do abuso sexual de crianças e adolescentes, do estupro generalizado. Qualquer uma dessas situações hediondas acaba com uma vida saudável, com o sistema nervoso de um indivíduo, levando a mais violência. A que ponto chega a desordem mental de uma pessoa que sente prazer em torturar outro vivente, ou que viu a família dizimada por mísseis? Mundo cão. Deveria haver uma estatística precisa sobre a quantidade de violência no planeta. Eu gostaria de saber se ela aumentou ou se sempre foi igual, levando em conta o crescimento da população mundial. Boa tese para um doutorado ou para um grupo de estudos sobre o comportamento humano e a crueldade através dos tempos. Ou talvez essa estatística exista e eu não a conheça. Tendo a pensar que a quantidade de maldade sempre foi igual, mas agora é mais difundida e tem mais gente orgulhosa de seu lado *evil*, endeusado pela mídia.

20. Paris, aqui me tens de regresso

Depois de uma aconchegante festa que um professor nos proporcionou em sua casa em Montpellier, com toda a comida sendo feita por ele e sua família, para delícia dos convidados, é hora de seguirmos para Paris. Faz um mês que estive em Paris e já estou louca para voltar, dessa vez, com meu gato de 59 anos. Se Paris é bom de ir visitar sozinha, muito melhor com um amor, para poder conversar sobre filmes, livros, concertos, óperas, exposições, nos seus milhares de cafés, bares e restaurantes. Caminhar à noite de mãos dadas e ir dormir em um estúdio, no teto de um edifício antigo, com vista para telhadinhos de prédios claros de poucos andares...

O maior erro do urbanismo parisiense é a torre de Montparnasse. Algum arquiteto egocêntrico quis rivalizar com a Torre Eiffel em tamanho e resolveu destruir a vista horizontal da cidade. A ideia deve ter sido comprada por algum prefeito cego e oportunista, e o estrago está lá para qualquer cidadão ser obrigado a ver. Se você olha a torre a partir do alto de Montmartre, ela parece o monolito do filme *2001, uma odisseia no espaço*, mas sem qualquer possibilidade de mistério.

UMA EM CADA CINCO PESSOAS com quem falo na França, depois que revelo que sou brasileira, diz:

– Brasileira? Copa do mundo!

Quando vim à França pela primeira vez, bem no início dos anos 1980, a fala era:

– Brasileira? Pelé, samba, carnaval!

Depois foi:

– Brasileira? Ayrton Senna!

Seguido de:

– Brasileira? Lula! Ronaldinho!

Nem comento com os entusiastas sobre a confusão que se instalou no país devido à Copa do Mundo. Não falo sobre as manifestações. Estou pensando em abrigar alguns holandeses, mas acho que meu marido não vai querer.

CHEGAMOS A PARIS para essa semana de lazer, tendo como compromisso apenas uma reunião-almoço. No aeroporto de Paris – e o mesmo acontece em Nova Iorque ou em qualquer cidade da Índia –, parece que eu troco a pilha. Não consigo parar em casa; saio o tempo todo e caminho até a exaustão. Neste momento, meu joelho já está completamente inflamado, tenho dor constante para caminhar e desço a escada como o saci-pererê. Meu marido me apelidou de "renguinha do Quartier Latin". Mesmo assim, a renguinha não para de caminhar nem por um instante. Ficamos até seis horas andando na rua. Está friozinho, bom de caminhar.

Chegamos ao apartamento alugado, que chamamos de estudiô, composto por uma sala-quarto, com cozinha e banheiro separados. A mesa em que se come é a mesma em que se trabalha. O ditado "Não se come onde se ganha o pão" não se aplica ao minimalismo habitacional francês. Esse microlugar, muito bem localizado, em frente a uma praça, pertinho do metrô, rodeado por 500 restaurantes e bares de todas as nacionalidades, custa a "bagatela" de 10 mil reais por mês, com a faxina. Chegamos com as malas e a faxineira ainda não tinha terminado a limpeza. A proprietária queria que nós a esperássemos. Só largamos as malas e pedimos para ela nos encontrar no restaurante italiano mais próximo, onde as massas são maravilhosas, assim como o vinho e as sobremesas.

Tínhamos ingressos para o espetáculo de uma orquestra de câmara na Ópera Garnier à noite. Com harpa, que eu adoro! Foi só tomar banho e cair na noite parisiense. Suprema felicidade. Arte e diversão para todos os gostos. A cidade estava apinhada, pois vinha o feriado da páscoa, que, para eles, é na segunda, em vez da sexta-feira. O início da primavera na Europa é lindo. Quando vem qualquer solzinho, vai todo mundo para os cafés e para os parques. Esse inverno foi horrível, como têm sido todos os últimos. Em Nova Iorque foi ainda pior, pois a temperatura foi negativa todo o tempo.

O problema é que, quando você chega em Paris para apenas uma semana, quer comer tudo de que sente saudade. O cérebro fica dizendo: "Tem o *croissant* com amêndoas da Gregoire, os *macarons* da Fauchon, o Mohalabie dos árabes, as trufas, os crepes, os pratos maravilhosos". Até parar numa esquina para tomar um café com leite com *tartine*, que é um simples pão francês com manteiga e geleia, já é uma experiência gustativa. Agora, para meu deleite, estão pipocando armazéns e supermercados orgânicos em muitos lugares, o que é uma bênção, com produtos desconhecidos no Brasil. O que eles estão fazendo com a soja, com patês de legumes, com nozes! Comer peras, maçãs e morangos bio vindos de toda Europa é uma experiência e tanto.

O apartamento tem proteção contra pombas, que assolam as cidades com seus dejetos altamente problemáticos. Eles botam uma espécie de cola-cimento, cheia de varetinhas de metal pontudo, nos locais em que elas podem vir a posar. Também colocam corvos de plástico expostos. Sem pombas e sem nenhum som, caímos na cama e dormimos felizes por oito horas seguidas nessa cidade encantada. Na minha cidade, tenho dormido cinco horas, devido ao barulho excessivo e às atividades incessantes. Depois de um mega café da manhã, já senti que iria engordar nessa *semaine parisienne*, pois o joelho não me deixaria fazer as aulas de ioga que tinha programado com um professor indiano que parecia ser maravilhoso. Estava um pouco triste com o joelho, mas maravilhada com o entorno, o que levantava o astral. Sabia também que as caminhadas queimariam um pouco das calorias excessivas desse paraíso gastronômico. Sempre acho que venho a Paris mais para comer do que pela arte.

NO PRIMEIRO DIA, fomos ver a exposição do *videomaker* Bill Viola, de quem sempre acompanhei a carreira, pois fazia mostras com vídeos dele na Usina do Gasômetro. Gostaria de fazer videoarte se tivesse mais tempo livre, para exercer meu lado artístico. Já fiz alguma coisa, principalmente com água, e o Viola tem uma ligação muito grande com água e com fogo. A exposição dele no Palais é incrível. Também acompanhamos seu trabalho na ópera *Tristão e Isolda*, na Bastille. Os cenários digitais são assinados por ele. O espetáculo durou cinco horas e vinte minutos. Acho que nunca tinha ficado tanto tempo num teatro. Como fiquei lendo a legenda, ouvindo a música, olhando para os cantores e ainda encantada com os cenários, quando vi, acabou o tempo e foi uma imersão completa. Fiquei com a música-tema na cabeça. Descobri que o Rei estava apaixonado pelo seu sobrinho Tristão, namorado de sua esposa, Isolda. Não sabia deste detalhe: que ele não estava nem aí para a nova esposa infiel. Tive a exata sensação, durante o desenrolar do enredo, de que o suicídio dos amantes impossíveis era uma solução muito tentadora. Se não era possível o amor, nada restava. Já tinha tido esse sentimento na adolescência, na época do *Romeu e Julieta* de Zefirelli. Hoje, esse sentimento voltou. A canadense sentada ao meu lado, que vivia há 20 anos em Paris, queria papo nos intervalos, já que o namorado dela tinha conseguido lugar somente do outro lado da plateia:

– De onde tu é, blá, blá, blá?

– Brasil, blá, blá, blá.

– Eu vim no espetáculo só por causa do Viola, porque os músicos e o regente são fracos.

– Como assim? É o segundo espetáculo que vejo desse ótimo maestro, e os músicos são fantásticos!

– Olha, meu namorado é violinista profissional, e ele me garante que os músicos dessa orquestra só querem saber de comprar apartamentos e carros, e não se importam em investir em instrumentos bons. Os instrumentos deles são os mesmos da época em que se graduaram.

– Eu não tenho um ouvido assim tão desenvolvido nem tanto conhecimento musical para reclamar dos instrumentos deles. No conjunto, eles são fantásticos e criam o maior clima para os cantores.

– Se você ouvir orquestras alemãs, austríacas, russas, vai ver a diferença.

O espetáculo teve dois intervalos de 40 minutos cada, em que o vinho e o champanhe eram consumidos como água. A ópera estava quase lotada. Como havia um lugar livre ao meu lado, disse para a canadense que ela poderia convidar o namorado violinista para sentar ali. Passado o intervalo, ela voltou, de mau humor. Acho que ele não quis trocar de lugar. Meu marido disse que talvez ele tenha tentado entrar na orquestra e não foi escolhido. Seria um motivo para falar mal de um grupo e de um maestro de alto nível tão no início da nossa conversa. Mas vai saber...

Também fomos numa exposição de índios norte-americanos no Museu Branly. Eu sempre gostei muito dos figurinos apaches, de camurça e cores fortes. Cheguei a comprar, quando pequena, um mocassim de camurça marrom, bem molinho e com franjas. Quando saía com eles nos pés, me sentia uma espécie de índia norte-americana. Descobri, na mostra, que as cores gritantes de seus casacos, vestidos e sapatos vinham de vidro colorido trabalhado em pequenas contas costuradas. Não imaginava que já trabalhavam com vidro colorido naquela época. Ou estou totalmente iludida? Vou pesquisar. Isso faz total diferença na impressão que as roupas causam. Quando o sol batia direto nos índios, as cores deveriam ser fantásticas. O jeito que essa exposição foi montada me deu ainda mais estímulo para a grande mostra sobre um escritor da minha cidade que vou produzir assim que chegar ao Brasil. Já fui a tantos museus e mostras na minha vida que já sei bem o que quero. Para crianças, tem que ter interatividade, isso é certo. As crianças da atualidade não aguentam assistir a obras paradas; elas têm que botar os dedinhos e usar a cabeça.

Outra mostra programada era a do Expresso Oriente, com todos os materiais da sua época dourada remontados dentro dos vagões do trem: dormitórios, bar, banheiros, sala de música. Eram vários dias entre Paris e Istambul, ou entre Londres e Cairo, passando por lugares com Síria, Irã e Iraque (hoje, não seria uma viagem segura para os clientes). O pessoal devia se divertir muito nesse trem. A Agatha Christie fez muitas vezes essa viagem para se inspirar. Os famosos da época adoravam frequentar o trem. Era vinho, uísque, champanhe e boa comida a viagem toda, com música e jogos de carta. Mais ou menos o que são esses grupos de excursão de hoje, mas passando por lugares muito lindos e desafiantes. Numa das viagens, a neve trancou o comboio por vários dias, e os viajantes passaram fome. Tiveram que matar um lobo para comer. Agatha Christie usou esse incidente e o juntou à trágica morte da filha de um ator da época para escrever o livro *Assassinato no Expresso Oriente*. Eu pirei dentro do trem, porque era tudo muito real. Eles botaram algumas vozes, principalmente de mulheres gemendo. Era comum que poderosos a bordo levassem acompanhantes. Um dos vagões-dormitório foi decorado com um morto sendo transportado, o que também poderia ter acontecido no longo percurso. Havia sangue no corpo e no chão, muito bem feito. Eu cheguei a sentir um cheirinho diferente.

Depois de ver os vagões, seguimos para dentro do Instituto do Mundo Árabe, onde a exposição continuava. Um belo documentário mostrava os locais por onde o trem passava e os seus viajantes ilustres, como Freud e Einstein. Nas paredes, cartazes promocionais do trem e dos hotéis em que os viajantes podiam ficar no Cairo, com as informações: luz elétrica, água potável e excelentes padrões de higiene. Os desenhos e fotos do hotel são incríveis. Era como chegar ao paraíso depois de oito dias de viagem.

Nos dias que restavam, só fizemos passeios por lugares lindos. Eu, mancando, e o meu marido, gripado e tossindo. O mundo não é perfeito, nem nós, nem nosso apartamento alugado. A TV a cabo não funcionou, o assento da privada se deslocava, quase nos jogando no chão, a cafeteira deu curto, o que estragou também o micro-ondas, o escorredor de louça de madeira cedeu e quase derrubou toda a louça. Só usamos uma vez a cozinha, para fazer um ótimo almoço para um diretor de cinema amigo e sua esposa.

ESTOU MEIO RESSABIADA de voltar ao meu país e tentar conseguir verba para fazer cinema. É pouco dinheiro para muitos cineastas. Sou do sul, e a verba fica quase toda no eixo Rio-São Paulo. É muito difícil, mas não desisto, porque sempre sobra alguma migalha, depois de muito esforço. Entramos em todos os concursos e editais nacionais, o tempo todo. Gostaria de fazer pelo menos um longa por ano, em vez de esperar vários anos entre um e outro. Quero fazer um seriado de TV também. O público quer mesmo é ver seriados, e existem alguns muito bons. Queria fazer um seriado de drama com alguns pingos de humor.

21. Uma carta neste buraco

Eu continuava lutando contra o buraco negro no peito e no estômago provocado pela morte precoce do meu pai. Uma terapeuta holística disse que eu melhoraria esse vácuo escrevendo uma carta para ele. Escrevi o seguinte:

"Querido e desconhecido pai,
como tu foi morrer tão cedo na minha pequena vida contigo? Como eu amaria ter ficado mais nos teus braços, recebendo teus beijos, contando meus problemas... Ou será que tu teria me dado surras por eu ser tão rebelde, a exemplo do que os teus irmãos fizeram com os filhos? Mas eu seria tão rebelde se tivesse um pai presente na minha vida? Seria algo perto do que sou, com uma casca muito grossa por ter sofrido tanto? Quanta dúvida tenho do que poderia ter sido...

Queria ter ido à praia contigo, brincar no mar no teu colo, andar de barco te admirando nos remos. Poderíamos ter dançado, eu sentindo o teu cheiro passando pela tua camisa social branca. Que tipo de música tu gostava? Tu curtiu Elvis Presley? Tu tinha cara de juventude transviada na adolescência. Era incrivelmente bonito. Mas, aos 21 anos, tu já estava casado, com uma filha, trabalhando duro e ficando careca. Tu deveria ter estudado mais e aproveitado mais a tua inteligência. Queria muito ouvir a tua voz. As fotos registraram os teus lindos olhos claros, mas faltou a voz. A voz também devia ser bonita, pois, na tua família, há vozes lindas, de cantores até. Tu era bem magro. Talvez por isso sempre gostei de caras altos e magros. Me apaixonei na adolescência por dois caras magros de olhos verdes, que provavelmente me remetiam à tua imagem. Sei que tu gostava de viajar desde mocinho, indo para o Rio e São Paulo. Eu amo viajar. Poderíamos ter ido a tantos lugares juntos!

A terapeuta disse que eu tenho que rezar para ti sempre. É incrível que, em 56 anos de existência, eu nunca tenha rezado pra ti. Tenho que tentar me comunicar contigo de todas as formas. Estou rezando pra ti neste momento. Espero que minha prece te alcance. Se chorar também é reza, já rezei tanto que sequei minhas lágrimas pela tua falta, principalmente quando a mãe casou de novo. Tenho contatos esporádicos com tua complicada família. Sinto o maior afeto por eles, mas é melhor não passar de pequenas doses de convívio. Família é sempre complicado. Todas elas. Talvez um dia nos encontremos no céu. Talvez. Fim."

Será que esta carta, mais essas lágrimas depois de escrevê-la, vão melhorar o buraco negro? *I hope so.*

22. Trajetória

A Índia me ensinou que tudo tem seu tempo, e o que for para acontecer vai aparecer por aí. Nada para o indiano é coincidência. Tudo é destino. Eu tenho que me esforçar na vida, mas sem ficar muito ansiosa, porque a tensão piora a trajetória, que deve ser curtida a cada segundo, sem amanhã. Para uma capricorniana como eu, que tem tudo planejadinho, foi bem difícil diminuir a ansiedade, mas acho que consegui. Hoje, faço as minhas tarefas da melhor maneira possível, sejam elas quais forem, desde passar a roupa até fazer o planejamento de um grande filme. Se eu ficar tensa, não vou aproveitar bem o caminho, que é tão importante quanto o destino final.

De uma coisa eu tenho certeza: se eu não fizer essas pequenas viagens entre os trabalhos pesados, para mim, perde a graça viver, pois minha inspiração vem muito das viagens. Trocar de lugar, de casa, de ruas, é fundamental para sair da mesmice do dia a dia, por mais confortável que este seja. Sempre tenho que entrar em novas situações e compará-las com os padrões já estabelecidos. Tenho que escrever mais, diariamente, pois acho que tenho coisas, às vezes, importantes para contar das minhas experiências. Espero que meus escritos transformem pelo menos um pouquinho o cotidiano das pessoas, enquanto elas se divertem na leitura de minhas páginas, seja no Brasil, na França ou na Índia. *Anywhere, anytime.*

Vou terminar, pois tenho que atender no *chat* a proprietária do apartamento que aluguei no East Village para a família toda passar uns dias juntos e celebrar meu casamento oficial na grama do Central Park. Estátua da Liberdade, me aguarde! Estou voltando, desta vez muito bem acompanhada. Boas viagens a todos os leitores!

Coordenação editorial: Maitê Cena
Capa e projeto gráfico: Marco Cena
Revisão: Bianca Diniz
Produção editorial: Jorge Meura
Produção gráfica: André Luis Alt

Dados Internacionais de Catalogação na Publicação (CIP)

T655b Tomasi, Luciana
         Bem longe de casa. / Luciana Tomasi. – Porto Alegre: BesouroBox, 2018.
         184 p.; 16 x 23 cm

      ISBN: 978-85-5527-071-0

        1. Relatos de viagem. 2. Autobiografia. I. Título.

CDU 910.4(092)

Bibliotecária responsável Kátia Rosi Possobon CRB10/1782

Todos os direitos desta edição reservados a
Edições BesouroBox Ltda.
Rua Brito Peixoto, 224 - CEP: 91030-400
Passo D'Areia - Porto Alegre - RS
Fone: (51) 3337.5620
www.besourobox.com.br

Impresso no Brasil
Abril de 2018